Bibliografische Information der Deutschen Nationalbibliothek:

Die Deutsche Bibliothek verzeichnet diese Publikation in der Deutschen National-bibliografie; detaillierte bibliografische Daten sind im Internet über http://dnb.d-nb.de/ abrufbar.

Impressum:

Copyright © 2020 GRIN Verlag
Druck und Bindung: Books on Demand GmbH, Norderstedt Germany
ISBN: 9783346272577

Dieses Buch bei GRIN:

https://www.grin.com/document/938424

Anonym

Die Qualitative Fehleranalyse als Grundlage für eine individuelle Förderung? Die OLFA am Beispiel von Schülertexten aus dem vierten Schuljahr

GRIN Verlag

GRIN - Your knowledge has value

Der GRIN Verlag publiziert seit 1998 wissenschaftliche Arbeiten von Studenten, Hochschullehrern und anderen Akademikern als eBook und gedrucktes Buch. Die Verlagswebsite www.grin.com ist die ideale Plattform zur Veröffentlichung von Hausarbeiten, Abschlussarbeiten, wissenschaftlichen Aufsätzen, Dissertationen und Fachbüchern.

Besuchen Sie uns im Internet:

http://www.grin.com/

http://www.facebook.com/grincom

http://www.twitter.com/grin_com

Qualitative Fehleranalyse als Grundlage für eine individuelle Förderung? Die OLFA am Beispiel von Schülertexten des vierten Schuljahres

Thesis

zur Erlangung des akademischen Grades

Bachelor of Arts (B.A.)

im kombinatorischen Studiengang Bachelor of Arts

der Bergischen Universität Wuppertal

Teilstudiengang Germanistik

Datum der Abgabe: 05.08.2020

Inhaltsverzeichnis

1 Einleitung

> Lese und Schreibkompetenz sind grundlegende Schlüsselqualifikationen und eine Voraussetzung für lebenslanges Lernen. Dem geschriebenen Wort kommt bei der Wissensvermittlung eine hohe Bedeutung zu.
> (Ministerium für Schule und Bildung des Landes NRW 2019: 4).

Demnach trägt die Fähigkeit, richtig schreiben zu können, maßgeblich dazu bei, am gesellschaftlichen Leben teilzunehmen und Erfolg zu haben. Defizite in diesem Bereich werden auch oft auf den Menschen als solchen und seine fehlende Bildung übertragen (vgl. Ministerium für Schule und Bildung des Landes NRW 2019: 6). Der Schule – und hier insbesondere der Grundschule – wird die Verantwortung übertragen, die Vorgaben der Bildungsstandards im Arbeitsbereich „Richtig schreiben" umzusetzen und die Schülerinnen und Schüler auf diesem Weg zu unterstützen, denn so zeigen die Ländervergleiche und Bildungstrends des *Institutes für Qualitätssicherung im Bildungswesen (IQB)* für das Jahr 2016, dass im Bereich der Rechtschreibung für die Klasse 4 deutliche Defizite bestehen und ein Großteil der Schülerinnen und Schüler die Mindestanforderungen nicht erfüllt (vgl. Ministerium für Schule und Bildung des Landes NRW 2019: 4).

Der Ruf nach einem systematischen Rechtschreibunterricht zeigt, dass die in den vergangenen Jahren eingesetzten Methoden des Schriftspracherwerbs in den Grundschulen hier keinen Erfolg gebracht haben, vielleicht als Folge des sehr heterogenen Bildes der didaktischen Praxis in beispielsweisen sehr offenen Unterrichtsformen des *Spracherfahrungsansatzes* und des *Freien Schreibens* nach Reichert. „Kinder, die lernen, dass wir >>schreiben wie wir sprechen<< [...], können [...] nicht zu kompetenten Schreibern/innen werden" (Bredel et al. 2011: 53). So fordert ein erfolgversprechender Rechtschreibunterricht sowohl Einblicke in die Systematik und Struktur der Schrift von Anfang an, aber auch die kontinuierliche Beobachtung und Erhebung des jeweiligen Lernstandes durch die Überprüfung und Diagnose von Fehlern. Um die orthographische Kompetenz der Schülerinnen und Schüler zu überprüfen, reicht eine rein quantitative Erfassung, wie sie häufig in Lernzielkontrollen stattfindet, jedoch nicht aus. Eine gewinnbringende Fehleranalyse zur exakten Erfassung der jeweiligen Kompetenzen im Bereich der Orthographie muss qualitativ erfolgen. Dadurch können Fehlerschwerpunkte genau kategorisiert und individuelle Förderableitungen entwickelt werden. Viele standardisierten Verfahren, wie beispielsweise die Hamburger Schreibprobe, dienen dazu als eine erste Orientierung. Im Vergleich zu solchen

standardisierten Testverfahren bietet die Oldenburger Fehleranalyse als nicht standardisiertes Verfahren den Vorteil, anders als in Diktaten oder Lückentexten, durch das Schreiben freier Texte den tatsächlichen Wortschatz der Schülerinnen und Schüler zu überprüfen
und damit Wörter, die diese auch häufig verwenden (vgl. Thomé 2017: 11). Durch die Auf-
schlüsselung der Fehleranalyse in Fehlerkategorien, gelingt es der Lehrkraft die orthographische Kompetenz ihrer Schülerinnen und Schüler zu ermitteln. Dies setzt allerdings bei
der Lehrkraft Wissen über die Struktur und die Systematik der Sprache voraus. So kann die
routinierte Lehrkraft mittels der Oldenburger Fehleranalyse die Fehler ihrer Schülerinnen
und Schüler kategorisieren und gezielte Förderableitungen erstellen.

In dieser Bachelor Thesis wird der Fragestellung nachgegangen, inwiefern die Oldenburger
Fehleranalyse eine qualitative Fehleranalyse ermöglicht und damit Grundlage einer individuellen Förderung sein kann. Dazu werden zunächst die Grundlagen der Schriftsystematik
erläutert. Nur durch das Verständnis dieser Prinzipien ist es Schülerinnen und Schülern
möglich, die Schriftsprache als äußeres Regelwerk zu erkennen und als inneres Regelwerk
zu erfassen. Im darauffolgenden Kapitel werden verschiedene Modelle des Schriftspracherwerbs vorgestellt. Dadurch wird deutlich, wie Schülerinnen und Schüler den Weg zur orthographischen Kompetenz beschreiten. Der Schwerpunkt liegt hier auf den zwei divergie-
renden Ansätzen der stufenweisen Entwicklung des Schriftspracherwerbs, wie sie auch
Thomé vertritt und dem prozessbezogenen Kompetenzerwerb, wie er von Bredel vertreten
wird, sowie den daraus resultierenden Konsequenzen für die Unterrichtspraxis.

Im dritten Kapitel wird das nicht standardisierte Testverfahren der Oldenburger Fehleranalyse 3-9 in seiner Durchführung, der Auswertung und Interpretation der Fehler vorgestellt.
Um die durchgeführten OLFA Fehlerkategorisierungen und die daraufhin ermittelten individuellen Förderableitungen beurteilen zu können, werden den konkreten Auswertungen
der beiden Grundschülerinnen und Grundschüler die theoretischen Grundlagen der ermittelten Förderableitungen zur Vokalqualität und der satzinternen Großschreibung vorange-
stellt, die Fehlerschwerpunkte der Schülerinnen-und Schülertexte sind. Die Kapitel zur Auswertung und Förderableitung von Schülerin A und Schüler B geben Aufschluss über die ermittelten Kompetenz- und Leistungswerte, ihre Fehlerschwerpunkte in den Gruppen I-III
und mögliche Förderschwerpunkte im Diskurs der Diskussion. Abschließend wird die Eig-
nung der Oldenburger Fehleranalyse als Grundlage einer individuellen Förderung kritisch

gewürdigt. Das abschließende Fazit greift, bezogen auf die der Arbeit zugrunde liegende Fragestellung, relevante Aspekte auf und stellt diese zusammenfassend dar.

2 Grundlagen der Schriftsystematik

Damit Lehrkräfte in der Schule Orthographie systematisch vermitteln, aber auch mittels geeigneter Diagnoseverfahren Fehler kategorisieren und Rechtschreibstrategien analysieren können, müssen diese die Struktur der Schrift beherrschen. „Eine kompetente Lehrkraft muss phonetische, phonologische, morphologische, grammatische und syntaktische Strukturen des Deutschen kennen und im Rechtschreibunterricht vermitteln [...]" (Toro 2016: 87). Universitäten sind demnach aufgefordert, entsprechende Grundlagen und ihre konkrete Anwendung in der Praxis zu schulen. Diese Grundlagen sollen im folgenden Kapitel aufgezeigt werden.

Das deutsche Schriftsystem verfolgt grundlegende Prinzipien, die in der korrekten orthographischen Umsetzung von Lauten zusammenwirken und von daher eine Art „Mischsystem" (Müller 2019: 38) darstellen. Als die wichtigste Voraussetzung des Schriftspracherwerbs gilt die *Phonologische Bewusstheit*, „die Fähigkeit, ein lautliches Wort mit seiner Silben-und Betonungsstruktur in untergeordnete Einheiten – im engeren Sinn Laute, im weiteren Sinn Silben bzw. Silbenkonstituenten – zu gliedern" (Bredel et al.2011: 91).

Das grundlegendste Prinzip ist das *phonologische Prinzip*. Dabei stellt ein Phonem die kleinste bedeutungsunterscheidende Einheit des Lautsystems dar. Diese werden transkribiert in Grapheme, die „kleinste Einheit des Schriftsystems mit bedeutungsunterscheidender Funktion" (Bredel et al. 2011: 226). Nach dem *phonographischen Prinzip* werden Phoneme Graphemen zugeordnet und umgekehrt, wobei jedoch durch die größere Anzahl an Lauten im Vergleich zum Inventar der Grapheme ein Ungleichgewicht entsteht, das den Schriftspracherwerb erschwert, da eine graphematische Mehrdeutigkeit vorliegt, wie z.B. bei dem Phonem /a:/, welches durch die Grapheme <a>,<ah> und <aa> dargestellt werden kann. An diesem Beispiel wird auch die Unterscheidung in sogenannte Basis-und Orthographeme deutlich. So wird die statistisch häufige vorkommende Form als Basisgraphem bezeichnet und seltener auftretende Grapheme als Orthographeme. In dem aufgeführten Beispiel ist das <a> das Basisgraphem, während <ah> und <aa> Orthographeme sind (vgl. Thomé 2017: 9). Der Bezug zwischen beiden Systemen wird als Graphem-Phonem-

Korrespondenzregeln (GPK-Regeln) bezeichnet, die die Grundlage der Alphabetschrift sind (vgl. Müller2019: 39). Im Idealfall kann für den Schreibenden ein Wort mit Hilfe der Graphem- Phonem-Regeln richtig hergeleitet und transkribiert werden. Durch die fehlende eins zu eins Zuordnung sind andere Prinzipien notwendig. Dabei gehört *das silbische Prinzip* zu einem der wichtigsten der deutschen Rechtschreibung.

> Laute, die in der Sprechsilbe eine bestimmte Rolle spielen, werden im Geschriebenen nicht so wiedergegeben, wie es der entsprechenden GPK-Regel entspricht, sondern ihre Schreibung unterliegt besonderen silbenbezogenen Regeln (Kunzel & Razum et al. 2009: 71).

Das silbische Prinzip regelt im Deutschen die Vokalqualität und Vokalquantität, wie auch die Struktur von Silbenanfangs-und-endrändern (vgl. Müller 2019: 42). Jedes Wort besteht aus mindestens einer Silbe mit mindestens einem vokalischen Silbenkern pro Silbe. Dieser wird in der Grundschule auch häufig als *Kapitän* oder *Silbenkönig* bezeichnet. Der Silbenkern kann durch einen konsonantischen Silbenanfang oder-endrand ergänzt werden. Dabei ist die Silbe ohne Endrand offen und der Vokal ist lang und mit Endrand geschlossen und entsprechend des Vokales kurz (vgl. Müller 2019: 42f.). Um diese zu erkennen, findet sich in vielen Wörtern das sogenannte Dehnungs-h, welches verschriftlicht wird, wenn dem langen Vokal die Konsonanten <l>, <m>, <n> oder <r> folgen (vgl. Bredel et al. 2011: 50). Die meisten Wörter des Deutschen sind zweisilbig und damit entsprechen sie dem prototypischen trochäischen Zweisilber, der aus einer betonten Vollsilbe und einer unbetonten Reduktionssilbe besteht. Diese enthält als Silbenkern immer das <e>. Durch das silbische Prinzip wird auf der Schriftebene durch das silbeninitiale-h eine Silbengrenze markiert.

> Das silbeninitiale <h> wird gesetzt, wenn zwischen dem Vollvokal der betonten Silbe und dem Reduktionsvokal der unbetonten Silbe kein Konsonant hörbar ist (Bredel et al. 2011: 50).

Wörter mit Diphthongen in der Vollsilbe bilden hierbei eine Ausnahme, da nach <au> und <eu> nie ein silbeninitiales-h und nach <ei> nur in einigen Fällen und damit unregelmäßig ein solches geschrieben wird (vgl. Bredel et al. 2011: 50). In der i-Schreibung werden betonte Silben immer mit <ie> geschrieben mit Ausnahme des Wortanfangs und der Pronomen mit langem i-Laut, beginnend mit dem Graphem <ih>. Diese müssen von daher als Wortfamilie gelernt werden. Weitere Ausnahmen sind Wörter wie Igel, was durch Anlauttabellen fälschlicherweise dazu führt, dass der lange i-Laut von den Schülerinnen und Schülern in anderen Wörtern nicht mit <ie> geschrieben wird (vgl. Bredel et al. 2011: 50). Ist der

Hauptsilbenvokal ungespannt, wird dann eine Konsonantenverdopplung markiert, wenn nur ein Konsonant hörbar ist, Ausnahmen sind hier <ck> <tz> und <sch>, <ng> und <ch> (vgl. Bredel et al. 2011: 50).

Das *morphologische Prinzip* zeigt deutlich, dass im deutschen Schriftsystem phonographische Regularitäten systematisch überformt werden (vgl. Müller 2019: 47). Dieses Prinzip regelt die Gleichschreibung verwandter Wörter und Wortfamilien. Morpheme sind die kleinsten bedeutungstragenden Einheiten der Wörter und als Einsilber oder trochäische Zweisilber häufig selbstständig und durch Wortbildungspotenzen erweiterbar (vgl. Müller 2019: 48). Dabei ist die Form der geschriebenen Einheit stabil, wie beispielsweise in der Auslautverhärtung. Auch vererbt werden das silbeninitiale-h und das Dehnungs-h. Bei Wörtern aus Präfixen und Stamm und aus zwei oder mehr Silben behalten solche Wörter trotz des Zusammenstoßens gleicher Laute diese bei. Dies gilt auch für die nicht hörbare Graphemverdopplung beim Aufeinandertreffen zweier Stämme. Grundlegende Schreibungen innerhalb von Wortfamilien regeln die Umlautschreibung, wie die Infinitivform der Verben, der Singular bei Nomen und die Positivform der Adjektive (vgl. Müller 2019: 48). Bredel (2011) veranschaulicht in ihrem nach Röber erweiterten Häusermodell diese Morphemkonstanz durch eine farbliche Hervorhebung, die dadurch zudem die Reduktionssilbe und ihren Silbenkern verdeutlicht. Das *syntaktische Prinzip* regelt auf Satzebene die Großschreibung, die Getrennt-und Zusammenschreibung, die Zeichensetzung und die Unterscheidung des Artikels <das> von der Konjunktion <dass> (vgl. Müller 2019: 50). Die Großschreibung im Deutschen ist wohl das komplexeste System auf Satzebene. So existieren die textinitiale Großschreibung, wie beispielsweise in Überschriften, die satzinitiale Großschreibung nach Punkt, Fragezeichen und Doppelpunkt, die Großschreibung von Eigennamen und Anredepronomen in der Höflichkeitsform. Von besonderer Bedeutung ist die satzinterne Großschreibung, eine der häufigsten Fehlschreibungen in Texten von Schülerinnen und Schülern (vgl. Prosch 2016: 193). So werden erweiterbare Kerne von Nominalgruppen im Deutschen großgeschrieben und dienen der Unterstützung des Verstehens (vgl. Müller 2019: 52). Eine letzte Gesetzmäßigkeit ist das Setzen von Interpunktionszeichen, die jedes für sich eine besondere Funktion im Satz erfüllen. Alle aufgeführten Prinzipien des deutschen Schriftsystems machen die Systematik der Orthographie deutlich und dass es sich um ein Schriftsystem handelt, welches sich Schülerinnen und Schüler mithilfe einer durchdachten Didaktik in der Schule aneignen können (vgl. Müller 2019: 53).

Die Strukturen des deutschen Schriftsystems und seine ihm zugrunde liegenden Prinzipien zeigen, dass der Rechtschreibunterricht in der Schule von Beginn an so strukturiert sein muss, dass es den Lernenden ermöglicht wird, eine innere Regelbildung zu entwickeln. Dabei muss der Unterricht an die Struktur des Schriftsystems angelehnt werden. In einem solchen Unterricht werden phonographisch, silbische und morphologische Regularitäten der Schreibung von Wörtern, aber auch die satzinterne Großschreibung vermittelt. Viele Grundschulen arbeiten hier mit der Methode der Lautorientierung in Verbindung mit Lauttabellen. Obwohl die Lerner aus einem solchem Wort transkribieren können und freies Schreiben gefördert werden kann, wird dadurch die Regelbildung nicht systematisch geschult oder es kommt dazu, dass die Schülerinnen und Schüler Falschschreibungen manifestieren. Dass man nicht „schreibt, wie man spricht" und dass solche Fehlvorstellungen gravierende Folgen für die Rechtschreibkompetenz der Schülerinnen und Schüler haben, zeigt sich auch in den Handreichungen des Ministeriums für Schule und Bildung des Landes NRW (2019), in welchem ein systematischer Rechtschreibunterricht für die Grundschulen eingefordert wird „denn schon Schreibanfängerinnen und Schreibanfänger brauchen Hinweise auf normgerechte Schreibungen und Anregungen, [um] dem System [...] Orthographie auf die Spur zu kommen [...]" (Ministerium für Schule und Bildung NRW 2019: 7). Demnach sollen Grundschülerinnen und Grundschüler „Rechtschreibphänomenen auf den Grund gehen" (Ministerium für Schule und Bildung NRW 2019: 7). Zudem soll ein vorgegebener Grundwortschatz von 533 Wörtern dazu dienen, dass „die Kinder Entdeckungen machen und Einsichten in [...] Rechtschreibung gewinnen und sichern können [...]" (Ministerium für Schule und Bildung NRW 2019: 7). An den Bausteinen *Richtigschreiben beim Textschreiben lernen, Rechtschreibphänomenen auf den Grund gehen* und *Wörter sichern durch sinnvolles Üben* soll im Orthographieunterricht der Grundschule der sinkenden Rechtschreibkompetenz am Ende der Grundschulzeit entgegengewirkt werden (vgl. Ministerium für Schule und Bildung NRW 2019: 7).

Um dies zu gewährleisten, muss aber auch der jeweilige Lernstand der Schülerinnen und Schüler regelmäßig überprüft werden, damit die Kinder bestmöglich gefördert werden können. Dazu dient die Oldenburger Fehleranalyse[1] nach Thomé, mit deren Hilfe herausgefunden werden kann, in welchen Bereichen der Orthographie die Kinder noch weitere

---

[1] Die Bezeichnung *Oldenburger Fehleranalyse* wird im Folgenden mit OLFA abgekürzt.

Unterstützung brauchen. Mit Hilfe der OLFA können phonologische, semantisch-lexikalische und morphologisch-syntaktische Kompetenzen genau erfasst und entsprechend trainiert werden. Wie dies in der Schule umgesetzt werden kann, soll zu einem späteren Zeitpunkt in dieser Arbeit vorgestellt werden.

3 Schriftspracherwerb

Wenn Kinder das Schreiben lernen, ist dies ein Prozess vieler verschiedener Tätigkeiten. Dabei werden von dem Kind neben sprachlichen Fähigkeiten auch motorische Fertigkeiten verlangt. Zudem ist das Kind sein eigener Gedankenproduzent, wenn es Gedachtes verschriftlicht. Dabei ordnet es seine Gedanken Wort für Wort und bringt sie zu Papier. Ebenfalls besonders am Prozess des Schreibens ist, dass der Schreiber einen Text für einen imaginären Leser verfasst, der diesen Text zu einem späteren Zeitpunkt liest.

Denkt man an die Grundschule und die dort vermittelten Fähigkeiten und Fertigkeiten, spielt das *Lesen-und-Schreiben-Lernen* eine übergeordnete Rolle. So lässt sich annehmen, dass es sich um zwei Techniken handelt, die das Schulkind im Laufe seiner Schulzeit auf irgendeine Weise erwirbt und damit Teil einer kommunikativen Gesellschaft wird. Lange Zeit machten sich Fachdidaktiker lediglich Gedanken darüber, welche Methode dazu die Geeignetste ist, damit der Lernprozess möglichst bis zum Ende des zweiten Schuljahres abgeschlossen ist.

> Bis weit in die 1970er Jahre hinein wurden Lesen und Schreiben [von daher] sowohl unterrichtsmethodisch als auch empirisch-forschungsmethodisch als zwei völlig getrennte Bereiche behandelt, wobei beide Aspekte aus heutiger Perspektive zu einseitig betrachtet wurden (Schründer-Lenzen 2004: 13).

In den 1980er Jahren erkannte man, dass zwischen dem Spracherwerb eines Kindes und dem Erwerb seiner Lese-und Schreibfähigkeiten Parallelen bestehen (vgl. Weinhold 2006: 2), so dass seitdem die Bezeichnung „Schriftspracherwerb" gewählt wird und damit die „kognitiven und sprachlichen Anforderungen" (Weinhold 2006: 2) in den Fokus gestellt werden. In den 1990er Jahren erkannte man darüber hinaus, dass auch die Herkunft und das Geschlecht des Kindes im Prozess des Schriftspracherwerbs von besonderer Bedeutung sind und dieser von daher im Gesamtsystem betrachtet werden muss.

Das folgende Kapitel beschäftigt sich mit verschiedenen kognitiven Modellen des Schrift-spracherwerbs, wobei der Fokus auf dem Erwerb der Rechtschreibfähigkeit liegt, da diese mit der OLFA überprüft wird.

Gemeinsam haben diese Modelle die Annahme, dass der Schriftspracherwerb in qualitati-ven Stufen erfolgt und dabei der erste Schultag nicht als eine Art Neubeginn erfasst werden kann. Kinder begegnen der Schrift schon vor dem ersten Schultag zu Hause, auf der Straße, in Büchern und in Geschichten, beispielsweise, wenn Eltern ihnen Geschichten vorlesen. Dabei erfahren sie, dass sich Geschriebenes immer wieder abrufen lässt. Zudem lernen die Kinder Logos und Symbole zu unterscheiden, die sie mit Orten, wie dem Fast Food Restau-rant und Tätigkeiten, wie dem Einkaufen verbinden. Sie erfahren auch, dass Schrift in der Lage ist, Gedanken festzuhalten, wie beim Erstellen einer Einkaufsliste. Grundgedanke al-ler Entwicklungsmodelle ist, dass sich das Kind mit zunehmender kognitiver Entwicklung das System der Schrift schrittweise aneignet. Von daher liegt allen Entwicklungsmodellen die Theorie Piagets zugrunde, bei der nicht nur die richtig geschriebenen Worte, sondern „die Lernprozesse des Kindes selbst im Zentrum" (Scheerer-Neumann 1998: 57) stehen. Damit wenden sich diese Modelle gegen die Annahme," dass es sich beim Erlernen der Rechtschreibung um mechanische Prozesse des Einprägens [handelt]" (Valtin 2000: 17) Vielmehr finde eine Denkentwicklung statt,

> bei welcher einerseits Einsichten in die Funktion und den Aufbau der Schrift sowie in die Prinzipien der Orthografie gewonnen werden und andererseits Strategien des Lernens und Behaltens ausgebildet werden (Valtin 2000: 17).

Auf dem Weg zur inneren Regelbildung machen die Kinder Fehler. Diese zeigen aber keinen Mangel an Fähigkeiten und Fertigkeiten, sondern werden „als noch unzutreffende Hypo-thesen bei der Lösung des Problems [interpretiert], wie Schriftsprache strukturiert ist" (Kirschhock 2004: 35).

3.1 Stufen/Phasen-Modelle des Schriftspracherwerbs

Grundlage dieser Modelle ist ein Graphemkonzept, welches zwischen Basisgraphemen und Orthographemen unterscheidet. In Anlehnung an August (1984) gelten die Basisgrapheme als unmarkierte Schreibungen und umfassen die nach ihrem Verhältnis zum Phonem häu-figsten Grapheme, wie z.B. das Phonem /i:/, welches als langes i in den meisten Fällen mit <ie> geschrieben wird. Daneben gelten alle anderen Grapheme für ein Phonem als

Orthographeme und als markierte Schreibungen, wie <ie> für das Phonem /i:/ (vgl. Thomé 2006: 370).

Das Modell von Ute Frith (1985) ist wesentlich für die meisten der später entwickelten Modelle und kann als eine Art Grundmodell angesehen werden. Nach diesem Modell erfolgt der Schriftspracherwerb im Lesen und Schreiben in drei Stufen, bei dem die Prozesse des Lesens und Schreibens sich gegenseitig unterstützen (Schründer-Lenzen 2013: 66). Im Folgenden werden die Stufen bezogen auf den Schreibprozess beschrieben. Die erste Stufe ist die *logographemische Stufe*. Kinder auf dieser Stufe erkennen Wörter in ihrem Umfeld wieder, wie beispielsweise Firmenlogos, und „lesen" diese vor, ohne Kenntnisse von Buchstaben zu haben. Auf dieser Stufe haben Buchstaben für die Kinder lediglich „Signalcharakter", ohne in ihrem „Lautcharakter entschlüsselt zu werden" (Schründer-Lenzen 2013: 67). Schreiben Kinder in dieser Phase, kann man dieses als „Abmalen" bezeichnen, da noch keine Buchstabenkenntnis vorliegt. Die zweite Stufe ist die *alphabetische Stufe*, auf der die Kinder beginnen die Struktur der Schrift als Buchstabenschrift wahrzunehmen, wobei diese Laute repräsentieren. Dabei gelingt es den Kindern, artikulierte Laute in Buchstaben zu übertragen. Hierbei werden zunächst nur solche Laute übertragen, die im Wort besonders auffallen, sodass Wortgerippe, wie zum Beispiel *MZ* für *Maus* entstehen (vgl. Schründer-Lenzen 2013: 69). Mit fortschreitender Entwicklung in dieser Stufe nehmen die übertragenen Laute im geschriebenen Wort zu und die Kinder eignen sich zunehmend die Phonem-Graphem Korrespondenz der Wortschreibung an. Die dritte Stufe ist die *orthographische Stufe*, auf der die Kinder immer häufiger normgerecht schreiben. Das Kind eignet sich in seinem „inneren Lexikon" immer mehr Wörter in der korrekten Rechtschreibung an und übernimmt orthographische Regelmäßigkeiten (vgl. Schründer-Lenzen 2013: 73). Auf die *alphabetische* Strategie greift es nur bei ihm unbekannten Wörtern zurück.

Das Modell von Frith wurde in der Sprachdidaktik mehrfach aufgegriffen und erweitert. So von Günther (1986), von Valtin (1997) und Scheerer-Neumann (1998,2004), deren Modelle in die Grundschulpädagogik übernommen wurden, um Fehlschreibungen einordnen zu können.

So enthält das Modell von Valtin als erste Phase die des „Kritzelns", in der Kinder Erwachsene nachahmen. In der alphabetischen Phase differenziert Valtin zwischen beginnender Einsicht in den Buchstaben-Laut-Bezug und Einsicht in die Buchstaben-Laut-Beziehung. Der orthographischen Phase stellt sie eine Phase der Verwendung orthographischer Elemente voraus, sodass in dieser Phase des Schriftspracherwerbs orthographische Muster verwendet werden, aber auch falsche Generalisierungen auftreten (vgl. Schründer-Lenzen 2013: 74). Das Modell von Scheerer-Neumann ordnet die verschiedenen Stufen zeitlich dem Schulverlauf nach Klassenstufen zu. So sei die *Alphabetische Strategie* die vorherrschende Stufe der ersten beiden Schuljahre. Erst zu Beginn des dritten Schuljahres bis zum Ende der Grundschulzeit dominiere die *Orthographische Strategie* (vgl. Scheerer-Neumann 2010: 12).

3.2 Die Entwicklung der basalen Rechtschreibkenntnisse nach Günther Thomé

Dem Stufenmodell von Thomé liegt das zuvor beschriebene Modell von Frith zugrunde. Anders als bei Frith, findet sich bei Thomé anstelle der logographischen Phase die *Protoalphabetisch-phonetische Phase*, da Kinder oft schon schreiben, ohne schon lesen zu können (vgl. Thomé 2006: 371). In dieser Phase entwerfen Kinder zunächst Kritzeleien, um die Schrift der Erwachsenen nachzuahmen (rudimentäre Verschriftungen), bevor sie mit ersten Schreibversuchen beginnen, bei denen ein lautlicher Bezug erkennbar ist und die anschließend in „Skelettschreibungen" übergehen (beginnende lautorientierten Schreibungen), bevor die Kinder im Übergang zur *alphabetischen Phase* schon viele lesbare Wörter schreiben (phonetisch orientierte Schreibungen) (vgl. Thomé 2006: 371). In der *alphabetischen Phase* beginnen die Kinder Wörter in kleinere Lauteinheiten zu zerlegen und diese zu verschriftlichen. Dabei nutzen die Kinder Schreibungen, deren Lautung noch phonetisch orientiert ist, wie z.B. Wortendungen, bei denen ein Schwa in der letzten Silbe angenommen wird, welches dann mit dem letzten Laut zu einem Laut verschmilzt, wie in *wasa* (Wasser). Wird dieses Wort dann als *waser* geschrieben, kann man bereits von einer phonologischen Schreibung sprechen (vgl. Thomé 2006: 373). In der dritten Phase, der *orthographischen Phase*, verwenden die Kinder zunehmend Orthographeme anstelle der Basisgrapheme und es zeigen sich Generalisierungen, wie z.B. in der korrekten Schreibung der Auslautverhärtung. In dieser Phase zeigen Übergeneralisierungen, dass orthographische Vorschriften in die innere Regelbildung aufgenommen werden. Übergeneralisierungen treten dabei zunächst semi-abiträr auf durch Verwendung von Orthographemen an falschen Stellen, wie in *vrisst* (frisst), dann silbisch oder morphologisch, wie in *verfig* (fertig) und letztlich durch nur noch wenige Übergeneralisierungen, wie in *ervorschen* (erforschen), wodurch erkennbar wird, dass die Kinder eine basale Rechtschreibfähigkeit erreicht haben (vgl. Thomé

2006: 374f.). Während der Entwicklung des Schrifterwerbsprozesses treten die Phasen nicht abgelöst voneinander, sondern parallel auf, so dass ein Schreiber in der orthographischen Phase auch auf die lautgetreue Schreibung zurückgreift.

3.3 Prozessbezogener Kompetenzerwerb der Rechtschreibentwicklung

In ihrem 2011 erschienen Diskurs stellen sich Bredel et al. die Frage, wie autonom das Schriftsystem erworben werden kann und setzen sich dabei kritisch mit den Stufen/Phasenmodellen auseinander. Dabei stellen sie fest, dass die stufenweise Entwicklung nach Piaget nicht auf den Schriftspracherwerb übertragen werden kann, da

> in der schriftsprachlichen Entwicklung [im Gegensatz zu den entwicklungspsychologischen Modellen] die erworbenen Strategien nicht voneinander abgrenzbar sind [und] der Schriftspracherwerb [...] methodenabhängig und institutionell gesteuert verläuft (Bredel et al. 2011: 96).

Hiermit erklärt die Didaktik eine methodisch verursachte Entwicklung, die sich aus dem Konzept des Rechtschreibunterrichts ergibt (vgl. Bredel et al. 2011: 96). So ist die Grundlage aller Unterrichtskonzepte die Struktur der Schrift, welche einem Abbild der Lautsprache entspricht, wodurch es so scheint, als begännen alle Kinder auf der alphabetischen Stufe (vgl. Bredel et al. 2011: 96). Nach Bredel et al. ist „Schriftspracherwerb [...] immer zugleich Orthographieerwerb" (Bredel et al. 2011: 96), so dass von einem Lernprozess gesprochen werden muss, der einem vorgegeben Curriculum folgt und damit von außen gelenkt wird (vgl. Bredel et al. 2011: 72).

Die Basis des Schriftspracherwerbs bildet die *Phonologische Bewusstheit*, die Fähigkeit ein lautliches Wort mit seiner Silben-und Betonungsstruktur in Laute beziehungsweise Silben zu gliedern (vgl. Bredel et al. 2011: 91). Erst wenn diese und die Phonem-Graphem Beziehung in der Schule thematisiert und auch geschult werden, können die Kinder die Prinzipien der Orthographie erlernen. Dabei unterscheiden Bredel et al. vier wichtige Prinzipien: Das *phonographische Prinzip*, nach dem Wörter auf der Lautebene aus Phonemen bestehen, welche durch Grapheme abgebildet werden. „Seine Anwendung führt zu einer rein lautbasierten Schreibung" (Bredel et al. 2011: 50), wie *hunt* für *Hund*. Im Deutschen gibt es viele Wortformen, die einer lautbasierten Schreibung folgen und mittels der Graphem-Phonem-Regeln richtig hergeleitet werden können. Oft lässt sich jedoch die richtige Schreibung nur mittels des *silbischen Prinzips* bestimmen. Nach Bredel ist eine Silbe eine Einheit zwischen dem Phonem/dem Graphem und dem Wort. Als solche ist sie medienunabhängig, es ist also möglich, sowohl von einer Sprechsilbe als auch von einer Schreibsilbe zu sprechen (Bredel et al. 2011: 232).

Dieses Prinzip betrifft in betonten und unbetonten Silben den Silbenkern. Die meisten Wörter des Deutschen sind zweisilbig und bestehen aus einer langen betonten und einer kurzen unbetonten Silbe, dem Trochäus. In betonten Silben mit einem langen i-Laut wird außer am Wortanfang, hier wird <ih> geschrieben, immer <ie> geschrieben. Ausnahmen sind hier selten und müssen gelernt werden. Die Schärfungsschreibung wird durch den doppelten Konsonanten markiert. Sonderregelungen sind hier <ck>, <tz>. Das Dehnungs-h steht bei manchen Wörtern nach einem langen Vokal vor l,m,n und r. Das silbentrennende-h trennt die betonte Silbe von der Reduktionssilbe, wie in dre-hen. Ausnahmen sind hier Wörter mit Diphthongen in der Vollsilbe, wie Bauer, nach <ei> steht es manchmal, wie in Weiher. Solche Wörter müssen gelernt werden. Alle Reduktionssilben weisen im Silbenkern ein <e> auf, wie in lauf-en (vgl. Bredel et al. 2011: 50). Das *morphologische Prinzip* regelt die Gleichschreibung von Wörtern mit gleichem Stamm. Hierbei sind Morpheme als „kleinste bedeutungstragende Einheit" (Bredel et al. 2011: 229) von Bedeutung. Für betonte Silben zeigt die Morphemkonstanz die Stammschreibung verwandter Wörter, wie in *Baum* und *Bäume*. In den Reduktionssilben wird immer das <e> als Silbenkern geschrieben, auch wenn es auf der Lautebene nicht hörbar ist, wie in geh-en (Bredel et al. 2011: 51). Morpheme können lexikalische Morpheme sein und sind damit von inhaltlicher Bedeutung, als grammatische Morpheme dienen sie der Konjugation, Deklination und dem Numerus. Als Präfixe oder Suffixe dienen sie der Wortbildung. Syntaktische und lexikalische Prinzipien wirken erst im Text, wie die Regeln der Groß-und Kleinschreibung oder der Getrennt-und Zusammenschreibung. Die Abläufe der orthographischen Schreibung folgen dann in der Regel einer bestimmten Reihenfolge, die hier beispielhaft aufgeführt werden soll. So werden buchstabenkombinatorische Besonderheiten, wie beispielsweise die Diphthongschreibung von den Kindern schnell beherrscht, während silbisch und morphologisch begründete Schreibungen ohne einen darauf zielenden Unterricht oft fehlerhaft sind, da die Kinder z.B. den doppelten Konsonanten nicht auf die Silbenstruktur zurückführen und so Fehlschreibungen, wie *Kinnder* statt *Kinder* die Folge sind. Auch das Erkennen der Morphemkonstanz kann nur angeleitet erfolgen, sodass *wollte* genau wie *wollen* mit Doppelkonsonanten geschrieben wird. In typischen Phasen der Übergeneralisierung, wie beispielsweise bei der Verwendung des

Dehnungs-h, ist eine angeleitete Systematik notwendig, damit sich Fehlschreibungen nicht manifestieren (vgl. Bredel et al. 2011: 99). Von daher ist der Rechtschreibunterricht von Beginn an auch ein Orthographieunterricht, damit eine richtige innere Regelbildung erfolgen kann.

3.4 Konsequenzen für den Unterricht

Die den Stufenmodellen zugrundeliegende Annahme, das Schriftsystem sei aus der Lautstruktur ableitbar und folge einem phonologischen Prinzip und die Annahme des silbischen Prinzips, bei dem die Schreibsilbe eine Schlüsselstellung annimmt, führen zu „konkurrierenden Orthographiekonzepten und [verschiedenen] Schlussfolgerungen für die Unterrichtspraxis am Anfang der Grundschulzeit" (Kruse & Reichardt 2016: 8). Damit reihen sich Thomé und Bredel in eine wissenschaftliche Diskussion ein, „[i}nwieweit Phonem, Silbe oder Morphem als Bezugsgröße der Wortschreibung angenommen werden" (Kruse & Reinhardt 2016: 8).

Nach der Graphematik von Thomé stehen Phonem und Graphem im Mittelpunkt des Rechtschreibunterrichtes, nach dem silbenanalytischen Ansatz ist die Silbe die zentrale Einheit der Schrift im trochäischen Muster des Zweisilbers. Dies führt zu unterschiedlichen Konzepten im Unterricht. So wird beispielsweise nach der Graphematik von Thomé das Graphem <ie> als Basisgraphem vermittelt und alle anderen Schreibungen, wie <ich>, <ieh> und <i> als Orthographeme und damit als Sonderschreibungen, so dass sie als Lernwörter von den Schülerinnen und Schülern in ihr inneres Lexikon aufgenommen werden müssen. Demgegenüber wertet der silbenanalytische Ansatz nach Bredel das <ie> als markierte Schreibung und die seltenere Phonem-Graphem-Korrespondenz <i> für /i:/ als unmarkierte Schreibung. Ein weiteres Beispiel ist die divergierende Ansicht von der Annahme eines silbentrennenden-h. So sind nach Thomé die langen Vokale mit Dehnungs-h Einheiten, die nicht zu trennen sind, da sie ein Phonem abbilden. Nach dem silbenanalytischen Ansatz werden dagegen das silbentrennende-h und die Länge eines Vokals markierende-h unterschieden (vgl. Toro 2016: 81ff.). An diesen Beispielen wird deutlich, dass der Rechtschreibunterricht davon abhängt, wie die Orthographie strukturiert wird. So suggeriert nach Mesch (2016) die Zweiteilung von Graphemen in *Basis*grapheme und *Ortho*grapheme [...] [, dass] das alphabetische Prinzip nicht selbst Teil der *orthografischen Prinzipien* [sei]"

(Mesch 2016: 104), während der silbenanalytische Ansatz nach Bredel von Beginn an orthografische Strategien im Unterricht vermittelt (vgl. Bredel & Röber 2011: 8).

4 Oldenburger Fehleranalyse 3-9

Die Oldenburger Fehleranalyse wurde in ihrer ersten Auflage 2004 veröffentlicht und beruht auf einer Datensammlung der Deutschen Forschungsgemeinschaft. Das vom Sprachwissenschaftler und Didaktiker Günther Thomé und der Pädagogin Dorothea Thomé entwickelte Testinstrument zur Überprüfung der Rechtschreibkompetenz nimmt eine Sonderstellung innerhalb der testunabhängigen Verfahren ein, da es das erste Verfahren ist, welches auf der Grundlage frei formulierter Texte beruht. Thomé und Thomé entwickelten zunächst die OLFA für die Klassen 3-9 und später für die Klassen 1-2. Zusätzlich ermöglicht das Handbuch zur Organisation der Rechtschreibförderung eine individuelle Förderung des einzelnen Schülers und die Möglichkeit einer Langzeitdokumentation (vgl. Siekmann & Thomé 2012: 188). Die OLFA findet ihren Einsatz nur dann, wenn die Kinder auffällige Rechtschreibschwierigkeiten haben. Um dies festzustellen, bieten sich in einem ersten Schritt auch testabhängige Verfahren, wie die Hamburger Schreibprobe an (vgl. Thomé 2017: 11), die allerdings nur die Möglichkeit eines „objektiven Leistungsstande[s]" (Thomé 2017: 11) bieten. Von daher zeigt die OLFA die Vorteile einer „echten Förderdiagnostik", „einer Differenzierung von orthographischer Leistung und Kompetenz", „einer hohe Motivierung durch individuelles Monitoring", „eines räumlich und zeitlich flexiblen Einsatzes", „einer Erhebung ohne Prüfungsdruck und Stress" und die Möglichkeit „eines Einsatzes als Forschungs-bzw. Erhebungsinstrument" (vgl. Thomé 2017: 7). Die Fehler werden bewertet und anschließend für individuelle Fördermaßnahmen genutzt. Anders als bei einer quantitativen Fehlerbestimmung ohne Berücksichtigung des jeweiligen Entwicklungsstandes des Kindes, ermöglicht es die OLFA 2 „unterschiedliche Kompetenzen" (Thomé 2017: 8) des Kindes festzustellen und diese den „verschiedenen Phasen des Schriftspracherwerbs zu [zu] ordnen" (Thomé 2017: 8), sodass es das individuelle Fehlerprofil ermöglicht, eine [s] normal ablaufende [n], verzögerte [n] oder gestörte [n] Entwicklung des Schriftspracherwerbs darzustellen (vgl. Thomé 2017: 13).

Das Konzept der OLFA beruht auf der Verschriftung der Phoneme als Basisgraphem oder Orthographem. Die Tabellen zeigen Basis-und Orthographeme der Vokale und Konsonanten sortiert nach ihrer absoluten Häufigkeit.

Basis- und Orthographeme: Vokale
sortiert nach ihrer absoluten Häufigkeit (1.-19. Platz)

Vokal-phoneme	Basisgrapheme meist oder immer	Orthographeme			
		manchmal	gelegentlich	selten	sehr selten
1.	/ə/	<e> Hase	-	-	-	-
2.	/ɪ/	<i> Insel	-	-	-	<ie> vierzig
3.	/a/	<a> Apfel	-	-	-	-
4.	/i:/	<ie> Biene	-	<ih> ihr	<i> Igel	<ieh> sieht
5.	/e:/	<e> Feder	-	<eh> sehr	-	<ee> See
6.	/a:/	<a> Glas	-	-	<ah> sah	<aa> Haar
7.	/ɛ/	<e> Zelt	-	<ä> hält	-	-
8.	/aɪ/	<ei> Ei	-	-	-	<eih> Geweih <ai>* Mais
9.	/ʊ/	<u> Muschel	-	-	-	-
10.	/ɔ/	<o> Frosch	-	-	-	-
11.	/o:/	<o> Hose	-	<oh> Sohn	-	<oo> Boot
12.	/u:/	<u> Blume	-	-	<uh> Kuh	-
13.	/aʊ/	<au> Auto	-	-	-	-
14.	/y:/	<ü> Hüte	<üh> Kühe	-	-	-
15.	/ʏ/	<ü> Büsche	-	-	-	-
16.	/ø:/	<ö> Löwe	-	<öh> Söhne	-	-
17.	/ɔy/	<eu> Eule	-	<äu> läuten	-	-
18.	/ɛ:/	<ä> Käse	<äh> Fähre	-	-	-
19.	/œ/	<ö> Töpfe	-	-	-	-

Tabelle 1: Vokale und die ihnen entsprechenden Basis-und Orthographeme.
*Diese Grapheme treten praktisch nur in Fremdwörtern und Eigennamen auf.

Basis- und Orthographeme: Konsonanten
Sortiert nach ihrer absoluten Häufigkeit (1.-22. Platz)

Konsonanten-phoneme	Basisgrapheme meist oder immer	Orthographeme manchmal	gelegentlich	selten	sehr selten
1. /n/	\<n> Nase	-	-	\<nn> Tanne	-
2. /r/	\<r> Rad	-	-	-	\<rr> wirr \<rh>* Rhein
3. /t/	\<t> Tisch	-	\<d> Bild	\<tt> Mitte	\<dt> Stadt \<ai>* Thron
4. /d/	\<d> Dach	-	-	-	\<dd> Kladde
5. /l/	\<l> Lampe	-	\<ll> Ball	-	-
6. /s/	\<s> Eis	-	\<ss> Kuss	\<ß> Gruß	-
7. /x/	\<ch> Bach	-	-	\<g> König	-
8. /m/	\<m> Maus	-	\<mm> Kamm	-	-
9. /z/	\<s> Seil	-	-	-	-
10. /f/	\<f> Fisch	\<v> Vogel	-	\<ff> Schiff	\<ph> *Physik
11. /v/	\<w> Wiese	-	-	-	\<v>* Vase
12. /g/	\<g> Gabel	-	-	-	\<gg> Egge
13. /k/	\<k> Kuchen	\<g> Berg	\<ck> Ecke	-	\<ch> * Chor \<c>* Clown
14. /b/	\<b> Buch	-	-	-	\<bb> Ebbe
15. /ʃ/	\<sch> Schaf	\<s> Spiel	-	-	-
16. /h/	\<h> Haus	-	-	-	-
17. /ts/	\<z> Zaun	-	\<tz> Katze	-	-
18. /p/	\<p> Pinsel	\<b> Laub	-	\<pp> Treppe	-
19. /ŋ/	\<ng> Ring	-	\<n> Bank	-	-
20. /j/	\<j> Junge	-	-	-	-
21. /pf/	\<pf> Pferde	-	-	-	-
22. /ks/	\<chs> Fuchs	\<x>* Hexe	-	-	-

Tabelle 2: Konsonanten und die entsprechenden Basis-und Orthographeme
*Diese Grapheme treten praktisch nur in Fremdwörtern und Eigennamen auf.

Das in diesem Praxistest verwendete Verfahren OLFA 3-9 beruht auf der fünften und damit aktuellsten Auflage 2017. In dieser Auflage sind die OLFA-Kategorien (Nummer 09, 17, 18) präzisiert (vgl. Thomé 2017: Vorwort).

Außerdem sind die drei orthographischen Entwicklungsphasen, denen die Fehler zugeordnet werden, in den Farben rot, gelb und grün markiert, um eine bessere Übersicht zu gewährleisten (vgl. Thomé: Vorwort).

4.1 Durchführung

Bei der OLFA 3-9 handelt es sich „um ein Instrument, bei dem nicht der Testgedanke im Vordergrund steht, sondern die Förderung." (vgl. Thomé: Gekürztes Vorwort zur zweiten Auflage). So arbeitet OLFA mit freien Texten, die im Gegensatz zu Diktaten, nicht standardisiert sind und aus etwa 350 Wörtern bestehen sollen. Nicht als Wort werden Zahlen, Ziffern und Einzelbuchstaben gezählt (vgl. Thomé 2017: 14). Ebenso werden fehlerhaft getrennte Wörter als nur ein Wort gezählt. Die Originaltexte werden fotokopiert und es wird jeder Fehler zunächst unterstrichen und dann wird jedes Fehlerwort auf ein gesondertes Blatt übertragen. Unter das Fehlerwort trägt man die korrekte Schreibung und alle betroffenen Grapheme werden durch Striche voneinander getrennt (vgl. Thome`2017:15). So werden beispielsweise <ch> oder <eu> und nicht <c—h> oder <e—u> voneinander getrennt. Dabei stehen die Grapheme in einem didaktischen Bezug zu den Phonemen, sodass eine graphemorientierte Auswertung und damit eine exakte qualitative Analyse möglich wird (vgl. Thomé 2017: 15). Damit ist es möglich, die Fehler systematisch den richtigen Hauptkategorien zuzuordnen. So handelt es sich beispielsweise bei dem Fehler *sahgen* für *sagen* nicht um ein zusätzliches Graphem, sondern um ein <ah> für ein <a>, von daher wird hier die orthographische Regelung missachtet. Bei dem Fehler *bemsen* für *bremsen* handelt es sich demgegenüber, um eine nicht korrekte Lautform eines Wortes.

Im Anschluss an diesen Arbeitsschritt werden die Fehlschreibungen nach der OLFA-Liste kategorisiert. Bei Worten mit mehreren Fehlern werden diese mit hochgestellten Ziffern markiert. Insgesamt existieren 37 Fehlerkategorien (vgl. Thomé: 2017: 57), wobei Zeichensetzungsfehler nicht berücksichtig werden. Die OLFA-Liste besteht aus einem horizontalen und einem vertikalen Auswertungsraster. In der horizontalen Auswertung werden die Fehler getrennt nach Rechtschreibbereichen kategorisiert und vertikal erfolgt eine Gruppierung nach Entwicklungsphasen im Schriftspracherwerb durch die Gruppen eins bis drei (vgl. Thomé 2017: 25). Wichtig ist, dass die Fehler rein deskriptiv erfasst werden, sodass sie einer Kategorie zugeordnet werden können. Das korrekte Ausfüllen der OLFA erlaubt es anschließend der Lehrkraft gezielt Förderinhalte abzuleiten (vgl. Thomé 2017: 26).

4.2 Auswertung und Interpretation der Fehler

Die OLFA ist ein testunabhängiges Analyseverfahren. Neben der qualitativen Analyse der freien Texte, müssen jedoch auch quantitative Werte berücksichtig werden, die den Anspruch der Vergleichbarkeit ermöglichen. Dazu wird das *Benchmarking-Verfahren* genutzt (vgl. Thomé 2017: 27). Dabei wird ein Richtwert für jede einzelne Jahrgangsstufe in Form einer tolerierten Fehlerzahl vorgegeben, die zusätzlich nach Schulform unterscheidet.

Zeitraum der Textabfassung	Richtwerte für die tolerierte Fehleranzahl Grundschule		
	Gymn.	RS	GS/HS
3. Klassenstufe (Mitte)	21,5 Fehler		
Ende der 3., Anfang der 4. Klassenstufe	16,4 Fehler		
4. Klassenstufe (Mitte)	13,3 Fehler		
Ende der 4., Anfang der 5. Klassenstufe	11,1 Fehler		
5. Klassenstufe (Mitte)	7,2 Fehler	9,7 Fehler	12,2 Fehler
Ende der 5., Anfang der 6. Klassenstufe	6,0 Fehler	8,7 Fehler	11,5 Fehler
6. Klassenstufe (Mitte)	5,0 Fehler	8,0 Fehler	11,0 Fehler
Ende der 6., Anfang der 7. Klassenstufe	4,3 Fehler	7,5 Fehler	10,8 Fehler
7. Klassenstufe (Mitte)	3,7 Fehler	7,2 Fehler	10,7 Fehler
Ende der 7., Anfang der 8. Klassenstufe	3,2 Fehler	7,0 Fehler	10,7 Fehler s. Anm
8. Klassenstufe (Mitte)	2,8 Fehler	6,8 Fehler	10,8 Fehler s. Anm
Ende der 8., Anfang der 9. Klassenstufe	2,5 Fehler	6,7 Fehler	11,0 Fehler s. Anm
9. Klassenstufe (Mitte)	2,2 Fehler	6,7 Fehler s. Anm	11,2 Fehler s. Anm

Tabelle 3: Richtwerte für die tolerierten Fehlerzahlen auf 100 Wörter in freien Texten (geschätzte Werte, auf eine Nachkommastelle gerundet)

Die Auswertung der OLFA-Liste ermöglicht sowohl qualitative als auch quantitative Informationen über die Rechtschreibleistung. So gibt der Kompetenzwert (KW) qualitativen Aufschluss über die Rechtschreibleistung. Da pro Fehlerkategorie nur ein freies Eintragungsfeld zur Verfügung steht, erfolgt automatisch eine Zuordnung jedes Fehlers zu einer der drei Gruppen. Diese Gruppen werden den drei Phasen der Entwicklung des Schriftspracherwerbs zugeordnet. Fehler der Gruppe eins entsprechen damit protoalphabetischen

Fehlern, die der Gruppe zwei alphabetischen Fehlern und die der Gruppe drei orthographischen Fehlern (vgl. Thomé 2017: 31). Fehler der protoalphabetischen Phase werden als unsystematische Fehler bezeichnet, da dabei die Phoneme durch Grapheme wiedergegeben werden, die weder Basis-noch Orthographeme für diese Phoneme sind. Fehler der alphabetischen und orthographischen Phase gelten als systematische Fehler, da hier ein falsches Graphem, aus dem für das Phonem zur Verfügung stehenden Repertoire an Graphemen gewählt wurde (vgl. Thomé 2017: 32). Aus dem Verhältnis von systematischen und unsystematischen Fehlern, kann nun der Kompetenzwert (KW) bestimmt werden. Seiner Berechnung liegt die Differenzierung zwischen systematischen und unsystematischen Fehlern zugrunde. Der Kompetenzwert erlaubt eine aussagekräftige Einschätzung der jeweiligen orthographischen Kompetenz. Dazu wird der prozentuale Anteil der Fehler nach der alphabetischen Strategie plus des prozentualen Anteils der Fehler nach der orthographischen Strategie minus des prozentualen Anteils der Fehler nach der protoalphabetischen Phase berechnet.

Formel:

$$KW = (\text{alph. \%} + \text{orth. \%}) - \text{prot. \%}$$

Dieser Kompetenzwert kann zwischen 100 und -100 liegen. Über 70 ist die orthographische Kompetenz als sicher einzustufen, unter 70, insbesondere bei Werten unter 50, ist eine Förderung notwendig (vgl. Thomé 2017: 35). Dabei sind die Probleme auf der Lautebene umso schwerwiegender, je weiter der Kompetenzwert unter dem Wert 50 liegt (vgl. Thomé 2017: 35).

Im Gegensatz zum Kompetenzwert, bezieht der Leistungswert (LW) auch einen quantitativen Aspekt in die Fehleranalyse ein, der besonders in einer beobachteten Leistungsentwicklung von Bedeutung ist. Dabei legt die OLFA verschiedene Richtwerte für eine tolerierte Fehlerzahl auf 100 Wörtern (TF100) fest. Für die im Rahmen dieser Bachelor Thesis analysierten Texte, wird die TF100 von 12,2 Fehlern angewendet. Für die Mitte der vierten Klassenstufe gilt TF100 von 13,3 und für das Ende der vierten Klassenstufe gilt TF100 von 11,1, sodass 12,2 hier das arithmetische Mittel des dritten Quartals des Schuljahres bildet. Zur Berechnung des Leistungswertes, wird die Anzahl der Fehler auf 100 Wörter durch den TF100 dividiert, sodass sich ein individueller relativer Fehlerwert (RF) ergibt. Damit lässt sich nunmehr der Leistungswert (LW) berechnen. Dazu wird der prozentuale Anteil der Fehler nach der alphabetischen Strategie mit dem des prozentualen Anteils der Fehler nach

21

der orthographischen Strategie addiert. Von dieser Summe wird das Produkt des prozentualen Anteils der Fehler nach der protoalphabetischen Strategie und dem relativen Fehlerwert abgezogen.

Formel:

$$LW= (alph. \% + orth. \%) - (prot. \% \times RF)$$

Der Leistungswert (LW) verbindet den Kompetenzwert mit einer leistungsabhängigen Variablen, sodass bei einer erfolgreichen Rechtschreibförderung beide Werte ansteigen und sich aneinander annähern sollten (vgl. Thomé 2017: 35). Die Differenz des Kompetenzwertes und des Leistungswertes charakterisiert die orthographische Verunsicherung des getesteten Kindes. Je größer diese Differenz ist, desto unsicherer ist das Kind in der Verwendung der Orthographie (vgl. Thomé 2017: 36). Eine gezielte und erfolgreiche Förderung sollte im Laufe der Zeit dazu führen, dass sich beide Werte immer stärker einander annähern. Daran messbar ist die Wirksamkeit der Förderung und führt bei Fortschritten auch dazu, dass das Kind motiviert bleibt (vgl. Thomé 2017: 36f.). [2]

5 Grundlagen der Förderableitungen

Insgesamt sind die Förderung der Vokalqualität und der Groß-und Kleinschreibung als wesentliche Methoden zu benennen, die grundlegend zur Verbesserung der Rechtschreibung von Schülerinnen und Schülern beitragen. Dies ergibt sich auch aus der Auswertung der ausgewählten Schülerinnen- und Schülertexten, die in den nächsten Kapiteln näher erläutert werden. Da diese Methoden jedoch divergierende Förderableitungen mit sich bringen können, sollen diese im Folgenden zunächst erläutert werden. In einen nächsten Schritt werden diesbezüglich explizite Förderableitungen, bezogen auf die individuellen Fehlerschwerpunkte der ausgewählten Schülerinnen- und Schülertexte, erstellt.

---

[2] Im Rahmen dieser Bachelor Thesis kann dies jedoch nicht überprüft werden, da die OLFA an den Texten beider Schülerinnen und Schüler aufgrund der Corona bedingten Schulschließung nur jeweils einmal durchgeführt werden konnte.

5.1 Förderung der Vokalqualität

Eine Förderableitung, die die Vokalqualität trainiert, muss so konzipiert sein, dass gezielt Vokalkürze und Vokallänge geübt werden. In der Frage, was in diesem Fall die richtige Rechtschreibstrategie sein muss, gehen die Meinungen der Sprachdidaktiker auseinander. So vertreten Thomé und seine Schülerin Toro die Ansicht, dass „die rhythmische Analyse von Wörtern [...] unzureichend als Schreibstrategie [ist]" (Toro 2016: 91). Aus der graphotaktischen Struktur könnten bei zweisilbigen Formen, besonders bei konjugierten Verben, Konsonantenverdopplungen regelhaft abgeleitet werden (vgl. Toro 2016: 92). Hier wirft sie den Vertretern des silbenanalytischen Ansatzes vor, bei einem solchen Ansatz zum Erwerb der Rechtschreibung, die Schrift aus der Leserperspektive zu betrachten (vgl. Toro 2016: 93). Eine entsprechende Förderableitung müsse von daher morphematischen Kompetenzen schulen, welche die Konsonantenverdopplung besonders bei konjugierten Verben deutlich macht. Auch Beate Leßmann (2016) steht der Silbe abwehrend gegenüber. So setze das silbische Prinzip ein hohes Maß an Strukturverständnis voraus, das in einem Unterricht, [...], kaum hergestellt werden kann" (Leßmann 2016: 28f). So kann das silbische Prinzip zwar „am besten die Schriftstruktur erklären" (Leßmann 2016: 29), aber für Kinder in der Grundschule sei es viel zu komplex „Wörter [...], so zu zerlegen, dass sie in kleine Häuser oder Garagen gesteckt werden können, [das] passt nicht recht zu einem Ansatz, der die Bedeutung in den Mittelpunkt des Lernens stellt" (Leßmann 2016: 29). Demgegenüber stellt der silbenanalytische Ansatz die Silbe in den Mittelpunkt eines didaktisch sinnvollen Orthographieerwerbs. „Am trochäischen Zweisilber als Basismuster lassen sich die grundlegenden Regularitäten im Kernbereich der Wortschreibung entdecken" (Riegler 2016: 57). Hierbei sind zunächst solche Zweisilber von Bedeutung, deren Vokalqualität unmarkiert ist und regelhaft geschrieben wird. Haben die Kinder dieses Muster verinnerlicht, werden solche Zweisilber besprochen, deren Schreibung markiert ist, wie beim Doppelkonsonanten oder dem silbentrennenden-h. So lässt sich nach Bredel (2011) die Wortschreibung des Deutschen durch das silbische System gänzlich erfassen durch mindestens einen Vokalbuchstaben in jeder Silbe, die Dehnung oder die Konsonantenverdopplung in der Vollsilbe, die als solche im Gegensatz zu den Reduktionssilben Sondermarkierungen beinhalten kann (vgl. Bredel et al 2011: 44f).

Nach dem graphotaktischen Ansatz lässt sich bei zweisilbigen Formen die Konsonantenverdopplung ableiten und als Regel verinnerlichen. Demnach müssten die Schülerinnen und Schüler verstärkt morphematische Kompetenzen trainieren. So leitet sich beispielsweise <*gegessen*> von *essen*, *auffüllen* von *füllen* und *isst* von *essen* ab. Ist die Morphemkonstanz verinnerlicht, die morphematische Zusammensetzung des Wortes erkannt, können solche Fehlschreibungen vermieden werden. Dabei muss auch die variierende Vokalquantität phonologisch gefördert werden, um die Unterschiede in der konjugierten Verbform zu erkennen, wie in *aß* (vgl. Toro 2016: 92). Für die richtige Schreibung der Vokallänge wie in *passiert* oder *ihr* kann dies über die Sonderstellung des Graphems <ie> gezielt eingeübt werden. So wird das /i:/ im Deutschen in den meisten Fällen <ie> geschrieben (vgl. Thomé 2011) und kann von daher als Basisgraphem eingeübt werden. Die Orthographeme <ih> und <ieh> sind demgegenüber äußerst selten und lassen sich über Wortfamilien strukturieren, wie in der Pronomenfamilie *ihn*, *ihr* und *ihnen*, bzw. *Vieh*, *Viehstall* und *Federvieh*. Solche Sonderformen können dann als Lernwörter in der Förderung vermittelt werden. Fehlschreibungen wie in *felen* und *ser* (vgl. Schülerin A) führen Thomé et al. darauf zurück, dass es sich um markierte Grapheme des Phonems /e:/ handele und in einer gezielten Förderung auch als solche an entsprechenden Wörtern geübt werden sollten. Die silbenanalytische Markierung der Länge durch das Dehnungs- *h* wird als nicht sinnvoll beschrieben, da dies „eine Aussprache suggeriert, die dem Sprach- und Schriftsystem nicht entspricht" (Toro 2016: 90).

Nach dem silbenanalytischen Ansatz sollte eine Förderung der Schülerinnen und Schüler nicht nach einem lautbezogenen Prinzip, sondern nach einer silbenphonologischen Ausrichtung erfolgen. Dadurch könnten die Lerner in ihren Fehlerwörtern die Silbenschnitte erkennen und, ob diese konsonantisch offen oder geschlossen sind. Dies sollte zunächst über die Darstellung der Silbentypen mit Hilfe unterschiedlicher Häuser erfolgen. Mit diesem von Röber (2009) entwickelten Häusermodell erkennen die Schülerinnen und Schüler, welche Silben des trochäischen Zweisilbers betont und welche Reduktionssilben sind. Dabei gehört die betonte Silbe ins Haus und die unbetonte Silbe findet in der Garage Platz. Der Lerner erkennt, dass das mittlere Zimmer im Haus immer mit dem sogenannten Silbenkern besetzt sein muss. Das mittlere Zimmer der Garage ist der Platz für den Vokal der Reduktionssilbe. Dadurch ist es möglich zu erkennen, dass eine offene Silbe und eine geschlossene Silbe sich dahingehend unterscheiden, dass bei der ersten das dritte Zimmer im Haus frei bleibt und bei der zweiten das dritte Zimmer im Haus immer besetzt ist. Sobald die Schülerinnen und Schüler die Hausschreibung des trochäischen Zweisilbers verstanden und ausreichend geübt haben, können auch Wörter mit mehr als zwei Silben eingeordnet werden (vgl. Müller 2019: 60f.). Im Häuschenmodell von Bredel (2009) können zudem über die farbliche Gestaltung sowohl morphologische als auch syntaktische Informationen von den Lernenden erkannt werden. Dabei bilden die grau hinterlegten Zimmer des Häuschens den Wortstamm, welcher aus Hauptsilbe und dem Silbenanfangsrand der Reduktionssilbe besteht. Dabei erkennen die Schülerinnen und Schüler, dass sich eine Segmentierung von Wörtern in Silben und Morpheme unterscheidet und auch andere Funktionen in der Orthographie erfüllt (vgl. Müller 2019: 61).

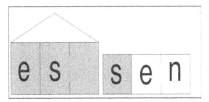

Abbildung 1: Häuschenmodell nach Bredel 2009

5. 2 Förderung der Groß- und Kleinschreibung

Momentan gibt es zwei in Konkurrenz zueinanderstehenden Ansätze, die den Zugang zur satzinternen Groß-und Kleinschreibung ermöglichen sollen: Einerseits der in den Grundschulen häufig vertretene wortartbezogene Ansatz, bei welchem die satzinterne Großschreibung und an die Wortart des Substantives gekoppelt wird, andererseits der syntaxbezogene Ansatz, bei dem die Groß-und Kleinschreibung über den Satzbau und die Eigenschaft der Wörter im Satz begründet wird.

In der Regel wird den Schülerinnen und Schüler im Anfangsunterricht der Grundschule der wortartbezogene Ansatz vermittelt, bei dem Substantive, beziehungsweise Nomen, als Bezeichnungen für Menschen, Tiere, Pflanzen und Lebewesen oder Dinge, die man sehen und anfassen kann, definiert werden. Weitere Kriterien, die dem Erkennen dienen sollen, sind die Artikelprobe und die Möglichkeit zur Pluralbildung. Die auf diese Weise vermittelten Regeln können insofern für die Schülerinnen und Schüler irreführend sein, als dass sie bei ihrer Entscheidung, welche Wörter in einem Satz großgeschrieben werden, den Kasus bestimmen müssen. So wird ein Substantiv immer großgeschrieben, was keinerlei Ausnahmen zulässt (vgl. Bredel 2010: 221). Diese Regeln, welche lediglich einen wortartbezogenen Blick auf das Substantiv ermöglichen, erscheinen auf den ersten Blick kindgerecht und

einfach, können jedoch zu erheblichen Problemen und Unsicherheiten auf Seiten der Schülerinnen und Schüler führen (vgl. Röber-Siekmeyer 1997: 170). Da hier erkennbar ist, dass
die oben beschriebene wortartbezogene Definition nur einen Teil der Substantive erfasst,
werden im unterrichtlichen Kontext außerdem das Genus und die Flexion nach Numerus
und Kasus als weitere Merkmale eines Substantivs gelehrt. Den Schülerinnen und Schülern
stehen somit neben der wortartbezogenen Definition des Substantivs zusätzlich ein lexika-
lisch kategoriales sowie ein morphosyntaktisches Kriterium zur Bestimmung eines Nomens
zur Verfügung (vgl. Bredel 2010: 219f.). Aus der Sicht der Schülerinnen und Schüler lässt
sich feststellen, dass schon im fünften Schuljahr, die zu Beginn definierten Regeln zur Groß-
und Kleinschreibung oft verändert und aufgehoben wurden. So stellen die Schülerinnen
und Schüler häufig fest, dass bereits verinnerlichte Regeln eigentlich gar nicht richtig sind
oder sich nicht immer anwenden lassen, sodass sie bei der Erklärung, was großgeschrieben
wird, oft von vorne beginnen müssen. Das Erkennen eines Substantives durch die Artikelprobe, kann dann zu einem Problem für Schülerinnen und Schüler werden, wenn diese
Probe nicht richtig angewendet wird. So wird in den Sprachbüchern der Grundschule die
Artikelprobe immer so dargestellt, dass sie sich nur auf ein einzelnes Wort bezieht, ohne
dessen Kontext im Satz zu berücksichtigen (vgl. Röber-Siekmeyer 1999: 67). Darüber hinaus
stellen auch Desubstantivierungen (zum Beispiel: *„er hält stand"*, *„sie läuft eis"*) ein Problem für die Schülerinnern und Schüler dar, wenn diese die Artikelprobe nicht richtig anwenden können. Dabei kann es dann passieren, dass die Schülerinnen und Schüler *„er hält
Stand"* oder *„sie läuft Eis"* schreiben, da Stand und Eis Substantive sind und durch einen
Artikel begleitet werden können. Von daher wird deutlich, dass die Artikelprobe nur innerhalb des Satzes in ihrer Anwendung Sinn macht und ansonsten die Schülerinnen und Schüler nur auf einen falschen Weg führt. Wie bereits an mehreren Stellen deutlich wurde, enthält der wortartbezogene Ansatz einige Stolpersteine und Widersprüchlichkeiten, die den
Schülerinnen und Schülern das Erlernen der Groß-und Kleinschreibung erschwert. An dieser Stelle scheint der syntaxbezogene Ansatz deutlich mehr Sicherheit zu bieten, da seine
Regeln eindeutig sind.

Sätze wie *„Das Schöne am Faulenzen ist das Nichtstun."* (Bredel et al. 2011: 114) veran-
schaulichen grundsätzlich, dass die Bestimmung der Wortarten nichts über ihre Groß- und
Kleinschreibung aussagt (Röber-Siekmeyer 1999:60), da die in diesem Satz großgeschrieben Wörter, bezogen auf ihre jeweilige Wortart zu den Adjektiven und Verben gehören und

demnach eigentlich kleingeschrieben werden müssten. So wird am syntaxbezogenen Ansatz der Groß-und Kleinschreibung deutlich, dass die syntaktische Funktion eines Wortes und nicht seine zugehörige Wortart die Orthographie bestimmt. Von daher wird nicht ein Nomen, sondern der erweiterbare Kern einer Nominalphrase großgeschrieben (vgl. Günther & Gaebert 2011: 101).

Um festzustellen, ob ein Wort großgeschrieben wird oder nicht, müssen die Schülerinnen und Schüler überprüfen, ob es sich bei dem Wort um den erweiterbaren Kern einer Nominalphrase handelt. Dabei müssen die Schreiber zunächst ermitteln, welche Satzteile eine Nominalphrase bilden (vgl. Günther & Gaebert 2011:101). Mit der Umstellprobe wird dazu ein Satz in seine Satzglieder zerlegt. Anschließend muss überprüft werden, ob sich der Kern der Nominalphrase erweitern lässt. Lässt sich der Kern einer Nominalphrase durch flektierte Attribute erweitern, so ist dies ein Indiz für seine Großschreibung (vgl. Röber-Siekmeyer 1999:70). Von daher umfasst die grundsätzliche Regel, dass der erweiterbare Kern einer Nominalphrase immer großgeschrieben wird, alle notwendigen Regeln zur Groß-und Kleinschreibung. Alle Nominalgruppen, aber auch präpositionale Gruppen können durch die Schülerinnern und Schüler mithilfe der Umstellprobe ermittelt werden, und so werden die grammatischen Einheiten eines Satzes deutlich, die sich im Rahmen dieses umstellen lassen. Nach der Zerlegung eines Satzes in seine grammatischen Einheiten, wird der Kern der Nominalphrase auf seine Erweiterbarkeit hin überprüft. Röber-Siekmeyer (1999) schlägt hierfür die sogenannten Treppentexte vor, die den Kindern genau diese Attribuierungsfähigkeit großzuschreibender Ausdrücke anschaulich vermitteln sollen (vgl. Bredel 2010: 227). Dazu werden die grammatischen Einheiten eines Satzes, die die Schülerinnen und Schüler durch die Umstellprobe ermittelt haben, untereinandergeschrieben und damit deutlich voneinander getrennt. Jetzt können sie direkt erkennen, dass jeweils das am Ende einer Nominalgruppe stehende Wort großgeschrieben wird. Zur unterstützenden Veranschaulichung können die Schülerinnen und Schüler die großzuschreibenden Wörter darüber hinaus einkreisen oder unterstreichen (vgl. Bredel et al. 2011: 116). In einem nächsten Schritt wird die Endposition der Nominalgruppe durch Adjektivattribute erweitert (vgl. Bredel et al. 2011: 116). Auf diesem Wege lernen die Kinder Adjektivattribute kennen und stellen unmittelbar fest, dass das Erweiterungswort eine der Endungen -e, -er, -es oder -en haben muss (vgl. Bredel et al. 2011: 116). Schließlich ist es möglich, die Treppentexte auch auf solche Beispiele auszuweiten, bei denen andere Wortarten als das Nomen den Kern der

Nominalgruppe bilden (vgl. Bredel et al. 2011: 117). Insgesamt stellen die Treppentexte eine geeignete Methode zur Vermittlung der syntaxbezogenen Regeln der Großschreibung dar, da sie den Schülerinnen und Schülern stufenweise vor Augen führen, dass innerhalb einer Nominalgruppe stets nur ein Wort, nämlich der Kern, großgeschrieben wird (vgl. Nünke & Wilhelmus 2001: 21). Das Erstellen von Treppentexten ermöglicht den Schülerinnen und Schülern, sich ein hilfreiches Strukturwissen anzueignen.[3]

5.2.1 Mögliche Unterrichtssequenz zur satzinternen Groß-und Kleinschreibung

Da beide Kinder in der Groß-und Kleinschreibung viele Fehler machen und die Klassenlehrerin bestätigt, dass diese Fehlerquelle auch bei den Mitschülerinnen und Mitschülern häufig auftritt, erschien es mir – insbesondere durch die Logik der satzinternen Groß-und Kleinschreibung und die Verbindlichkeit der ihr zugrunde liegenden Regeln – sinnvoll, eine passende Unterrichtssequenz zur Förderung aller Schülerinnen und Schüler zu erstellen. In der unterrichtsfreien Zeit lasen die Kinder der vierten Klasse ein Kinderbuch und erstellten dazu ein Lesetagebuch. In Absprache mit der Klassenlehrerin entwickelte ich passend dazu eine Lerneinheit zur satzinternen Groß-und Kleinschreibung[4]. Der Vorteil einer integrierten Rechtschreibsequenz liegt darin, dass die Phänomene der satzinternen Groß-und Kleinschreibung in einem für die Schülerinnen und Schüler begreifbaren Zusammenhang stehen und so in ihrer Funktion beobachtet werden können. Die konzipierte Reihe basiert auf dem zuvor in Kapitel 5.2 erläuterten Modell der satzinternen Groß-und Kleinschreibung nach Bredel. Diese Unterrichtsreihe beginnt mit einer Wiederholung der Wortarten und allgemeingültiger Regeln zur Groß-und Kleinschreibung, die die Schülerinnen und Schüler bereits kennen. Im Anschluss daran sollen die Schülerinnen und Schüler die Satzglieder durch die Umstellprobe erkennen und voneinander trennen. Dabei lernen sie bereits, dass das konjugierte Verb immer alleine steht und manche Satzglieder eine Gruppe darstellen, die sie anschließend als Nominalgruppe kennenlernen. Darauf basierend sollen die Schülerinnen und Schüler in einem nächsten Schritt Treppentexte konstruieren, die die Satzglieder und damit auch die Nominalgruppe deutlich visualisieren. Um dies tiefergehend zu unterstützen, sollen die Schülerinnen und Schüler die Nominalgruppen unterstreichen und den

---

[3] Die im Rahmen dieser Bachelor Thesis erstellte Unterrichtssequenz zur satzinternen Großschreibung orientiert sich an den oben aufgeführten Grundlagen und Übungen.
[4] Siehe Anhang

Kern dieser umkreisen. In einem letzten Schritt erweitern die Schülerinnen und Schüler den Kern der Nominalphrase durch Adjektivattribute, um zu erkennen, dass nur der Kern erweiterbar ist. Dabei vergrößern die Schülerinnen und Schüler gleichzeitig auch ihren Wortschatz. Diese Lerneinheit wurde von allen Schülerinnen und Schüler im häuslichen Unterricht bearbeitet.[5]

6 Auswertung der OLFA und Förderableitungen

Wie bereits in der Einleitung erwähnt, wurde im Rahmen dieser Arbeit die OLFA an zwei exemplarischen Viertklässlertexten durchgeführt. In den folgenden Kapiteln werden sowohl die Fehlerschwerpunkte der beiden Schülerinnen und Schüler nach OLFA kategorisiert als auch mögliche individuelle Förderableitungen für die jeweiligen Fehlerschwerpunkte vorgeschlagen.

6.1 Auswertung und Förderableitung der Schülerin A

Die Texte mit der Markierung A stammen von einer zehnjährigen Schülerin des vierten Schuljahres. Die Schülerin hat keinen Migrationshintergrund. Zu Hause wird von beiden Eltern und von den Geschwistern Deutsch gesprochen. Die Schülerin lässt sich als sehr motiviert beschreiben. Im Unterricht arbeitet sie rege mit und zeigt auch ein großes Interesse daran, freie Texte zu schreiben.

Schülerin A erzielt einen Kompetenzwert von 60 und einen Leistungswert von 48[6]. Die Differenz der beiden Werte ist mit 12 sehr gering und zeigt, dass die Schülerin schon eine recht große Sicherheit in der Orthographie besitzt. Der hohe Kompetenzwert ist auf die im Verhältnis zu den anderen Fehlern geringe Anzahl an Fehlern, die der protoalphabetischen Phase zugeordnet werden, zurückzuführen. Hier beträgt der prozentuale Fehleranteil 21%. Da der Kompetenzwert über 50 liegt, kann die Rechtschreibförderung der Schülerin individuell bezogen auf ihre Fehlerschwerpunkte erstellt werden. Thomé schlägt bei einem Kompetenzwert unter 70 allerdings auch Übungen zur phonologischen Bewusstheit vor, da diese noch nicht stark genug ausgebildet sei (vgl. Thomé 2017: 35). Dies sollte bei der Schülerin schwerpunktmäßig die Vokalqualität betreffen. Der Leistungswert der Schülerin ist

---

[5] Der Aufbau der Reihe orientiert sich an dem vorgestellten Konzept der satzinternen Großschreibung.
[6] Originaltexte, quantitative und qualitative Auswertung befinden sich im Anhang

kleiner als der Kompetenzwert, was der Regel entspricht (vgl. Thomé 2017: 36). Aufschluss-reich ist hier die Entwicklung der beiden Werte im Verlauf einer gezielten Rechtschreibför-derung. Ist diese für den Lerner gewinnbringend, nähern sich beide Werte aneinander an.

Fünf der Fehler der Schülerin aus Gruppe I betreffen die Vokalqualität (Fehlerkategorie 11&12), bei drei Fehlern handelt es sich um den falschen Konsonanten am Wortende, die sich in diesen Fällen eher als Grammatikfehler werten lassen (Fehlerkategorie 33). Damit zeigt die Schülerin A keine auffällige Häufung an unsystematischen Fehlern, die im Verhält-nis zu den systematischen Fehlern aus Gruppe II und III keiner besonderen Förderung im lautanalytischen Bereich bedürfen.

In der Gruppe II werden die meisten Fehler gemacht, so dass hier 50% der Fehler auftreten. Dabei treten die Fehler gebündelt in den Fehlerkategorien 1 (Klein-für Großschreibung) ,7 (Einfachschreibung für Konsonantenverdopplung) und 9 (Einfache Vokalschreibung für markierte Länge und <i >für <ie> bei /i:/) auf. In den Kategorien 7 und 9 betreffen diese systematischen Fehler somit die Vokalqualität. Diese Fehler der Kürzen-und Längenmarkie-rung treten auch in der Gruppe III in der Fehlerkategorie 8 (Konsonantenverdopplung für Einfachschreibung nach Kurzvokal) auf. In der Fehlerkategorie 7 betreffen die Fehlschrei-bungen hauptsächlich Verben in der konjugierten Form, wie *gegesen, konte, auffülen* und *ansteken*. Auch in dem Adjektiv *troken* wird die Konsonantenverdopplung nicht erkannt. In der Fehlerkategorie 9 fällt auf, dass das Orthographem <eh> als Basisgraphem /e:/ ver-schriftet wird, wie in *ser, se* und *fernse*, zudem das Orthographem <ih> als /i:/, wie in *ir* oder das Orthographem <aa> als /a:/ in *par*. Diese fehlende Fähigkeit in der Vokalqualität zeigt sich auch in der Gruppe I in den Fehlerkategorien 11 (Konsonantenverdopplung nach Langvokal, Konsonant oder am Morphemanfang) und 12 (Markierte Vokallänge bei Kurz-vokal, auch ie für kurzes i). Die Fehler in der Fehlerkategorie 8 betreffen hauptsächlich das Wort *mann* (9-mal). Dabei handelt es sich um einen Grammatikfehler, da das /a:/ im Pro-nomen *man* die gleiche Lautqualität besitzt wie im Nomen *Mann*. Hier würde sich als Übung eine Wiederholung der Wortarten eignen, bei der gezielt die Pronomen als Ersatz für No-men in geeigneten Sätzen wiederholt und trainiert werden.

Mit dem von Bredel (2011) in Anlehnung an Röber entwickelten Häusermodell, welches sowohl prosodische als auch grammatische Markierungen der Schriftsprache ermöglicht, könnte die Schülerin ihren Fehlerschwerpunkt in den Fehlerkategorie 7 und 9 gezielt trai-nieren. Durch die farbliche Visualisierung wird grau hinterlegt der Wortstamm deutlich und die Schülerin erkennt, dass Silben und Morpheme in Wörtern unterschiedliche Funktionen erfüllen.

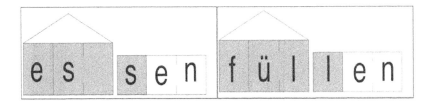

Abbildungen 2-4: Häuschenmodelle nach Bredel 2009

An diesem Modell erkennt die Schülerin, dass die gespannten Vokale den Doppelkonsonanten fordern, aber auch, dass eine Morphemkonstanz vorliegt. Sie erkennt zudem, dass Wörter markierte Schreibungen aufweisen, wie das silbentrennende h.

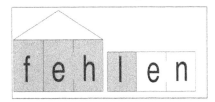

Abbildung 5: Häuschenmodell nach Bredel 2009

Im Wort *fehlen* entdeckt sie zudem die Morphemkonstanz, die dann auch für die Wortfamilie gilt, wie in *Fehlzeit, Fehlversuch*, aber auch in den konjugierten Formen *fehlst* und *fehlt*.

Die Fehlschreibung -z für - tz lässt sich ebenfalls einüben, wie bei *Kat-ze, Plät-ze, Pfüt-ze*. Hieran wird das Silbengelenk deutlich und die richtige Schreibung geübt.

Dieses Modell verbindet somit auch die beiden konkurrierenden Ansätze der Sprachdidaktiker, da dadurch der Vorwurf, die „silbische und die orthographische Worttrennung zerstören zuweilen die schriftsystematischen Einheiten Graphem und Morphem und verhindern somit die Einsicht in den Aufbau des Schriftsystems" (Toro 2016: 92) zurückgewiesen werden kann. Auch bei den schwierigen Orthographemen der Phoneme /i:/ und /e:/ kann das Häusermodell die Schülerin anleiten, dass das silbeninitiale-h die Morphemkonstanz widerspiegelt. Durch die Möglichkeit das Haus zu knicken und dadurch in Stammmorphem und grammatische Information zu trennen, kann die Morphemkonstanz zudem anschaulich vermittelt werden.

Dieses Häusermodell unterstützt den Analyseprozess, sollte aber als Strukturierungshilfe verstanden und nach Erkennen der Zusammenhänge in der Wortstruktur abgesetzt werden, um das flüssige Schreiben zu fördern (vgl. Müller 2019: 61f.). Die von der Schülerin A falsch geschriebenen Wörter in den Kategorien der Vokalqualität finden sich auch im Grundwortschatz und zeigen somit relevante Rechtschreibphänomene des Deutschen. Mit Hilfe dieses Modellwortschatzes sollen Kinder Entdeckungen machen und Einsichten in die Rechtschreibung gewinnen und sichern (vgl. Ministerium für Schule und Bildung des Landes NRW 2019: 7). Bei der Schülerin A handelt es sich um Fehlschreibungen von Orthographemen, die in markierten Silben die Vokalqualität markieren. Von daher erscheint es sinnvoll nach Analyse der eigenen Fehlschreibungen auch die anderen Wörter zu erforschen und ihrer Schreibung auf den Grund zu gehen.

In der Fehlerkategorie 1 schreibt die Schülerin hauptsächlich Nomen klein, Ausnahme ist hier *Einkaufen*. Um die Großschreibung zu trainieren, ist es wichtig zwischen der Eigenschaft der Wortart und den Wortbildungsprozessen zu unterscheiden (vgl. Bredel et al. 2011: 113). Im Deutschen ist die Kleinschreibung unmarkiert, während die Großschreibung die markierte Form darstellt. Dabei besitzen Substantive die Funktion „Kerne von Nominalgruppen" zu bilden (vgl. Bredel & Günther 2006: 210). Andere Wortarten können aber auch diese Funktion übernehmen und werden dann großgeschrieben.

Eine Möglichkeit dies mit der Schülerin zu üben, ist die Erweiterung von nominalen Kernen durch Adjektivattribute (vgl. Müller 2019: 71). Dies könnte zunächst anhand der eigenen Beispiele stattfinden: *der große Abstand, der schöne Garten, die umfangreichen Hausaufgaben* und *die lästigen Armschmerzen*, aber auch *zum nächsten Einkaufen*. In diesem Zusammenhang sollte auch die falsche Großschreibung von Adjektiven wiederholt und geübt werden. So zeigt *ein Blöder Chinese*, dass sich die Schülerin auf die Artikelprobe verlässt, die aber hier zu falschen Schlussfolgerungen führt (vgl. Müller 2019: 73). Demnach ist der syntaxbezogene Ansatz mit Hilfe der Erweiterungsprobe eine Möglichkeit, über die Satzstruktur zur richtigen Schreibung zu gelangen und gleichzeitig seinen Wortschatz zu erweitern (vgl. Müller 2019: 74f.). Zusätzlich zur Erweiterungsprobe, besteht die Möglichkeit, die adjektivistische Erweiterung auf die notwendige Endung -e,-en,-em,-er,-es hin zu überprüfen (vgl. Müller 2019: 75).

Abschließend lässt sich festhalten, dass in einer gezielten Förderung für diese Schülerin jede Übungseinheit mit der Förderung der phonologischen Bewusstheit beginnen sollte, um Fehler, wie *Freundininen, drozdem* und *ambrod* in absehbarer Zeit zu vermeiden. Zudem sollte zunächst die Vokalqualität geübt und gefördert werden, da hier in den Kategorien 7-12 die meisten Fehler auftreten. Ist diese ausreichend durch innere Regelbildung gefestigt, erfolgt die Förderung der Groß-und Kleinschreibung.

6.2 Auswertung und Förderableitung des Schülers B

Die Texte mit der Markierung B stammen von einem zehnjährigen Schüler des vierten Schuljahres. Der Schüler hat keinen Migrationshintergrund. Zu Hause wird von beiden Eltern und von den Geschwistern Deutsch gesprochen. Der Schüler begann erst im dritten Schuljahr laut zu lesen. Das Schreiben freier Texte folgte daraufhin nur sehr zögerlich. Seine Texte sind immer nur sehr kurz und der Schüler zeigt dabei lange Phasen der Vermeidung, bevor er mit dem Schreiben beginnt. In Klassenarbeiten gelingt es ihm nicht, diese fertigzustellen. Der Schüler B erzielt einen Kompetenzwert von 12 und einen Leistungswert von minus 47[7]. Ein Kompetenzwert von unter 50 zeigt die Probleme des Schülers auf der Lautebene, so dass mit einem länger anhaltenden Förderbedarf zu rechnen ist. Dazu sollte der Schüler Übungen zur Lautgliederung und Lautdifferenzierung durch die Lehrkraft erhalten. (vgl. Thomé 2017: 35). Die hohe Differenz der beiden Werte von 59 spiegelt seine orthographische Verunsicherung wider, die sicherlich auch seinem späten Start in das Lesen und Schreiben geschuldet ist. Die Gründe dieser verspäteten Entwicklung ließen sich seiner Schülerakte nicht entnehmen. Hier wurde in den Zeugnissen lediglich regelmäßig darauf hingewiesen. Eine logopädische Behandlung fand nicht statt. Diese orthographische

---

[7] Originaltexte, quantitative und qualitative Auswertung befinden sich im Anhang

Verunsicherung wird auch durch die mehrfache Fehleranzahl innerhalb eines Wortes bestätigt. Die Texte des Schülers zeigen deutlich, dass eine Textstruktur nicht vorhanden ist. So schreibt der Schüler einen Fließtext, ohne die Sätze durch Satzzeichen zu beenden. An einigen Stellen in den Texten schreibt er trotz des fehlenden Punktes groß weiter. Zudem zeigen seine Sätze in der Regel immer die gleiche Struktur mit Subjekt, Verb und darauffolgendem Objekt oder einer adverbialen Bestimmung. Viele Sätze beginnen auch mit *ich*. Darüber hinaus weisen die Texte des Schülers auf einen eingeschränkten Wortschatz hin, indem er überwiegend die gleichen Wörter und Formulierungen verwendet.

Auffällig ist die hohe Fehleranzahl in der Gruppe I, der protoalphabetischen Phase und in Gruppe II, der alphabetischen Phase. Demgegenüber ist die Fehleranzahl in Gruppe III, der orthographischen Phase gering. Dies deutet darauf hin, dass der Schüler über ein bestimmtes Regelwissen verfügt und dieses auch anwendet. In der ersten Gruppe betreffen diese Fehler fast ausschließlich die Fehlerkategorie 29 (Konsonantenzeichen fehlt) mit 12 Fehlern und die Fehlerkategorie 31 (Vokalzeichen fehlt) mit 14 Fehlern. Es scheint zunächst, dass es sich bei diesen Fehlern um grammatische Fehler handeln könnte, da sie überwiegend als Kasusfehler, wie in *mein* für *meinen* und *klein* für *kleinen* oder Genusfehler, wie in *mein* für *meine* oder *letzte* für *letztes* auftreten. Da der Schüler jedoch im mündlichen Sprachgebrauch diese Fälle voneinander unterscheidet und ohne Migrationshintergrund ist, lässt sich hier eher von einem lautlichen Problem ausgehen, zumal der Schüler in den Fehlerkategorien 19 und 20 die Grapheme im Silbenendrand richtig verschriftlicht. In der OLFA findet man in den Fehlerkategorien 29 – 31 den Hinweis, dass das Schwa in gedeckter Endposition nicht gesprochen wird. Der darauffolgende Konsonant wird dadurch silbisch und durch die lautliche Verkürzung „verschluckt" (vgl. Thomé 2017: 23). Es ist demnach davon auszugehen, dass in diesem Fall ein lautliches Problem vorliegt, welches korrespondierend der schulischen Entwicklung des Schülers folgt. Die Schreibung dieser Wörter weist somit darauf hin, dass eine mangelnde lautliche Durchgliederung der Wörter vorliegt und mit dem Schüler verstärkt an der eigenen Aussprache geübt werden sollte. Eine passende Förderableitung sollte die *Phonologische Bewusstheit* trainieren. Defizite zeigen sich hier auch in einzelnen Wörtern des Textes, die sich für die Lehrkraft nicht oder nur schwer rekonstruieren lassen, da sie lautlich nicht durchgliedert sind („*Msamm*", „*donastag*").) Dazu eignen sich Übungen des Reimens, um die auditive Wahrnehmung einzelner Laute zu fördern. Hier kann auch direkt mit den konkreten Fehlschreibungen geübt werden. Dazu sollte man den

Schüler seine Texte zunächst laut vorlesen lassen. Es ist davon auszugehen, dass er beim Lesen die fehlenden Endungen artikulieren wird, so dass eine passende Förderung stattfinden kann. Des Weiteren kann auch hier das Häuschenmodell nach Bredel eingesetzt werden. Dabei kann der Schüler entdecken, dass der Endrand in der offenen Silbe immer unbesetzt ist und die zweite, unbetonte Silbe immer ein <e> als Silbenkern enthält, welches aber von ihm nicht geschrieben wird, da es kaum zu hören ist.

Abbildungen 6-7: Häuschenmodell nach Bredel 2009

In der Fehlerkategorie 1 (Klein-für Großschreibung) macht der Schüler 33 Fehler und schreibt hauptsächlich Nomen klein und in der Fehlerkategorie 2 (Groß-für Kleinschreibung) macht der Schüler 16 Fehler und schreibt hauptsächlich Adjektive groß, häufig, wenn auf diese ein Nomen folgt. Somit schreibt er nicht den Kern einer Nominalgruppe groß, sondern dass ihn erweiternde Adjektivattribut. Eine entsprechende Förderableitung sollte hier wie bei Schülerin A nach der satzinternen Großschreibung erfolgen. Durch die Erweiterung mit Adjektivattributen, die zum Erkennen des Kerns einer Nominalphrase vorgesehen ist, findet gleichzeitig eine Wortschatzarbeit statt, welche für diesen Schüler, wie bereits erwähnt, eine sinnvolle Übung ist.

Die Texte beider Kinder zeigen, dass eine der Hauptfehlerquellen die Groß-und Kleinschreibung ist, ein Phänomen, welches auch durch Statistiken zur Orthographie bestätigt wird (vgl. Müller 2019: 11).

7 Eignung der OLFA als Testinstrument zur individuellen Förderableitung

Viele Lehrkräfte, insbesondere die Deutschlehrkräfte, beklagen sich regelmäßig über die schlechten Orthographiekenntnisse ihrer Schülerinnen und Schüler. Änderungen lassen sich jedoch nur mittels geeigneter Fehleranalysen und daraus resultierenden und auf den Bedarf des Kindes zugeschnittenen Förderableitungen erreichen. So empfiehlt auch

Thomé, dass „eine Beobachtung und Einschätzung der Lernentwicklung in vielen Fällen notwendig und hilfreich" (Thomé 2002: 49) ist. Dabei bieten standardisierte Testverfahren gegenüber reinen Lernbeobachtungen den Vorteil, dass die getesteten Leistungen qualitativ ausgewertet werden können (vgl. Lange & Weinhold 2009: 21). Der Anspruch an ein Testverfahren, Genauigkeit und Vergleichbarkeit zu bieten, führt dazu, dass viele dieser Testverfahren in hohem Maße genormt sind, wie beispielsweise durch den Zeitpunkt ihrer Durchführung, die Zeitvorgabe während der Durchführung, die genormten Aufgabenstellung und auch die Auswertung der Fehler (vgl. Lange & Weinhold 2009: 21). Dadurch wird es möglich, die Kinder in ihren Leistungen mit anderen Kindern, aber auch in Bezug auf entsprechende Erwartungen zu einem bestimmten Zeitpunkt ihrer Schullaufbahn zu vergleichen. In der Reihe solcher Testverfahren bietet die OLFA den Vorteil, räumlich und zeitlich flexibel zu sein. So müssen zur Durchführung keine Testtage oder feste Stunden eingeplant werden und die Kinder stehen nicht unter Prüfungsdruck, da als Grundlage der Analyse freie Schülerinnen- und Schülertexte dienen. Diese bieten zudem den Vorteil, dass sie im Gegensatz zu Lückentexten einen breiteren Blick auf Leistung und Kompetenz des Kindes ermöglichen und den individuellen Wortschatz des Kindes berücksichtigen. Demgegenüber enthalten standardisierte Testverfahren oftmals auch Wörter, die das Kind noch nicht kennt, so dass die Fehleranalyse verfälscht wird. Genau wie andere Testverfahren, ordnet OLFA Fehlern bestimmte Fehlerkategorien zu, die die individuellen Rechtschreibprobleme aufzeigen und Grundlage eines speziell auf die Schülerin, den Schüler abgestimmten Förderplanes sind. Dabei bietet die ausgefüllte OLFA Liste den Vorteil der direkten Förderableitung am Wort und dem jeweiligen Phänomen (vgl. Thomé 2017: 26). Die OLFA ordnet die Fehler der Kinder den drei orthographischen Entwicklungsphasen nach Thomé zu. Dabei erfolgt die Einordnung der besseren Übersichtlichkeit halber nach farbigen Gruppen. So zeigen Fehler der Gruppe I in Rot, dass das Kind noch unsicher im deutschen Schriftsystem ist, Fehler in der Gruppe II mit der Farbe Gelb lassen erkennen, dass das Kind schon Elemente des orthographischen Systems beherrscht und Fehler der grünen Gruppe III zeigen, dass es sich häufig um Übergeneralisierungen handelt, das Kind also orthographische Markierungen anwendet, aber diese an dieser Stelle falsch gesetzt werden (vgl. Thomé 2017: Vorwort zur vierten verbesserten Auflage). Durch die OLFA kann den Schülerinnen und Schülern eine gezielte Rückmeldung ihrer bereits vorhandenen Kompetenzen gegeben werden und dass ihre vielleicht schlechte Leistung sie nicht als unfähige Rechtschreiber ausweist (vgl. Thomé 2017: Gekürztes Vorwort zur zweiten Auflage). Darauf aufbauend steht somit die Förderung und nicht die Leistung im Fokus. Durch die OLFA werden die Fehler zwar auch in ihrer Quantität erfasst, jedoch steht die qualitative Fehleranalyse im Vordergrund und damit die gezielte Förderanalyse (vgl. Thomé 2017: 8). Dies setzt bei den Lehrkräften entsprechende linguistische Fähigkeiten und Fertigkeiten voraus. So wird die Analyse sicherlich zu Beginn, bei den ersten Testverfahren noch schwerfallen, aber je häufiger eine Lehrkraft die Texte der Schülerinnen und Schüler analysiert, so sicherer wird auch sie im Erkennen der jeweiligen Kategorie. Zur Überprüfung der eigenen Qualifikation bietet das Handbuch Übungen und Lösungen an, die vor der ersten Analyse genutzt werden können. Hat eine Lehrkraft das OLFA Testverfahren zur Diagnose rechtschreibunsicherer Schülerinnen und Schüler entsprechend häufig eingesetzt, wird sie einen Blick dafür bekommen, welcher Art die Fehler ihrer Schülerinnen und Schüler in Hausaufgaben und Klassenarbeiten sind und genau wissen, wie sie diese Kinder entsprechend fördern kann. Eine solche Fähigkeit leistet einen wichtigen Beitrag zur *guten Schule*, denn aus den Fehlern kann die Lehrkraft den jeweiligen Lernstatus des Kindes erkennen, seine individuellen Rechtschreibprobleme analysieren, die Qualität seiner bereits verinnerlichten orthographischen Informationen ableiten und eine passende Förderung erstellen (vgl. Thomé 2017: 8).

Die Analyse der Texte beider Grundschulkinder hat gezeigt, dass diese in den Fehlerkategorien 1-37 individuelle Fehlerschwerpunkte aufweisen, wie bei Schülerin A in den Kategorien der Vokalqualität und bei Schüler B die hohe Fehlerzahl in den Kategorien 29 und 31 und damit in der lautlichen Durchgliederung der Wörter. Diese Kategorisierung ermöglicht es der Lehrkraft nun, beide Kinder individuell zu fördern. Dies kann in kleinen Gruppen geschehen, in welchen Kinder mit vergleichbaren Schwächen gefördert werden oder aber auch gezielt in einer im Stundenplan ausgewiesenen Sprachbildungsstunde. Der beiden gemeinsame Fehlerschwerpunkt in den Kategorien 1 und 2, der Groß- und Kleinschreibung, lässt sich im Anschluss daran gemeinsam trainieren. Eine persönliche Langzeitdokumentation sollte die Förderung begleiten, um die Qualität dieser zu evaluieren. Dabei wird auch die Lehrkraft in ihrer Professionalität unterstützt und gewinnt wichtige Einblicke in Fehleranalysen. Im Verlauf der Förderung sollten sich die Werte (KW und LW) einander annähern, wodurch auch die Motivation der Lerner aufrechterhalten werden kann, da Fortschritte deutlich gemacht werden. Hierzu formuliert Siekmann: „Eine größere Motivation als die sichtbare Reduktion der Fehlerquote gibt es nicht" (Siekmann 2013: 82).

8 Fazit

Eine systematische Vermittlung der Orthographie in der Grundschule verlangt von der Lehrkraft, dass sie selber die verschiedenen Strukturen und Prinzipien dieser beherrscht, auch vor dem Hintergrund, mittels geeigneter Verfahren, Fehler der Schülerinnen und Schüler richtig zu kategorisieren. Zu den grundlegenden Prinzipien des deutschen Schriftsystems gehören das *phonologische Prinzip*, nach dem Phoneme bestimmten Graphemen zugeordnet werden, die dabei – abhängig von der Häufigkeit ihrer Verwendung – in Basis- und Orthographeme unterschieden werden. Nicht alle Laute werden entsprechend der Graphem-Phonem-Korrespondenzregeln wiedergegeben, da sie dem *silbischen Prinzip* unterliegen und damit silbenbezogene Regeln sind. Das *morphologische Prinzip* regelt die Gleichschreibung verwandter Wörter und Wortfamilien und überformt dabei phonographische Regularitäten. Mit dem *syntaktischen Prinzip* wird die richtige Schreibung innerhalb ganzer Sätze geregelt, dem vor allem die der deutschen Rechtschreibung so eigene Groß- und Kleinschreibung unterliegt. Diese Prinzipien zeigen, dass nicht so geschrieben wie gesprochen wird und der Schriftspracherwerb hohe kognitive und sprachliche Anforderungen an die Kinder stellt.

Stufenmodelle des Schriftspracherwerbs – wie auch das Modell Thomés – gehen dabei davon aus, dass sich die Kinder mit zunehmender kognitiver Entwicklung auch das System der Schrift aneignen. In Anlehnung an die Theorie Piagets führt die Weiterentwicklung der kognitiven Fähigkeiten auch zu Einsichten in den Aufbau der Orthographie. Nach Thomé beginnt diese Entwicklung mit der *Protoalphabetisch-phonetischen Phase*, gefolgt von der *Alphabetischen Phase* und letztlich der *Orthographischen Phase*, in der die Kinder die orthographischen Vorschriften als innere Regelbildungen aufgenommen haben. Den Stufenmodellen steht die Annahme eines prozessbezogenen Kompetenzerwerbs der Rechtschreibung gegenüber, wie sie von Bredel et al. vertreten wird. Demnach verläuft der Schriftspracherwerb nicht in natürlichen Phasen, sondern wird methodenabhängig vermittelt und ist somit die Folge eines konzeptionellen Rechtschreibunterrichts. Diese konkurrierenden Ansätze führen in der Schule zu konkurrierenden Orthographiekonzepten, wobei der Ansatz von Bredel et al. schlüssiger und verständlicher erscheint.

Auf ihrem Weg zur inneren Regelbildung machen Kinder Fehler, die zeigen, dass ihre Fähigkeiten und Fertigkeiten der Orthographie noch nicht ausgereift sind. In den letzten Jahren hat sich allerdings gezeigt, dass die Rechtschreibleistungen vieler Schülerinnen und Schüler am Ende des vierten Schuljahres immer schwächer werden. Diese Tatsache lässt sich auf verschiedene Faktoren zurückführen, von denen einer sicherlich ein unsystematischer Rechtschreibunterricht ist. Um diese Kinder jedoch entsprechend zu fördern und dazu ihre Fehler zu kategorisieren, kann die OLFA, als nicht standardisiertes und testunabhängiges Verfahren eingesetzt werden, unabhängig davon, welchem Ansatz des Schriftspracherwerbs sie folgt.

Die exemplarische Durchführung und Auswertung der OLFA an den Texten zweier Grundschulkinder des vierten Schuljahres hat gezeigt, dass diese unterschiedliche und gemeinsame Fehlerschwerpunkte aufweisen. So macht Schülerin A nur wenige unsystematische Fehler in der Gruppe I, jedoch auffällig viele systematische Fehler in den Gruppen II und III. Diese zeigen deutliche Defizite in der richtigen Schreibung der Vokalqualität, wie der Längenmarkierung und dem Kurzvokal. Ein weiterer Fehlerschwerpunkt der Schülerin ist die Unterscheidung der Groß-und Kleinschreibung im Satz. Schüler B weist einen Kompetenzwert von lediglich 12 und einen Leistungswert von minus 47 auf, welche seine große phonologische Unsicherheit widerspiegeln. Auch dieser Schüler hat Defizite in der Groß-und Kleinschreibung. Mittels der OLFA war es möglich, die Fehler zu kategorisieren und passende Fördermaßnahmen zu entwickeln, da die Fehler durch die horizontale Zuordnung in Gruppen den Kompetenzen und entsprechenden Phasen nach Thomé oder den Prinzipien nach Bredel et al. zugeordnet werden können. Dazu gehörten die Förderung der Vokalqualität, das Trainieren der lautlichen Durchgliederung von Wörtern und die Großschreibung im Satz.

Die OLFA erfüllt als qualitative Fehleranalyse eine Fülle von Kriterien, die in standardisierten Verfahren nicht zu finden sind. Die Schülerinnen und Schüler vermitteln durch das Ablösen von starren Diktattexten ihre Rechtschreibfähigkeiten frei von Prüfungsdruck und ohne Lerneffekte. Da die OLFA mit dem eigenen Wortschatz der Lerner arbeitet, wird auch nur dieser überprüft, wodurch Fehlschreibungen unbekannter Wörter vermieden werden. Das Ziel der OLFA, eine Diagnose der individuellen Rechtschreibkompetenz zu erstellen und daraus gezielt individuelle Förderableitungen zu ermitteln, gelingt durch das deskriptive

Festhalten der Fehler in den 37 Fehlerkategorien. Als besonders lernförderlich erweist sich in diesem Zusammenhang zum einen die Arbeit an den Fehlerschwerpunkten der eigenen Texte und das Erstellen von Langzeitdokumentationen, die es den Schülerinnen und Schüler erlauben, sich selber zu motivieren und der Lehrkraft eine Reflexion der Fördermaßnahmen ermöglichen. Das Durchführen der OLFA hat jedoch auch gezeigt, dass ungeschulte Lehrkräfte zu Beginn deutlich mehr Zeit investieren müssen als in die Durchführung eines standardisierten Testverfahrens. Es zeigte sich jedoch auch, dass die Lehrkraft durch die OLFA nicht nur ihre linguistischen Fähigkeiten erweitert und schult, sondern auch schnell eine gewinnbringende Routine entwickelt, die es ihr ermöglicht, in allen Texten ihrer Schülerinnen und Schüler Fehlerschwerpunkte zu erkennen und mögliche Fortschritte festzustellen. Da die OLFA ausschließlich Graphemfehler systematisch erfasst und der Bereich der grammatischen Fehler nicht berücksichtigt wird, ist es für die Lehrkraft stellenweise schwierig, die Fehler zu kategorisieren, was bei der Auswertung zu Problemen führen kann. Dies ist jedoch als ein Phänomen zu betrachten, dass alle Testverfahren, die kategorisieren, gemein haben.

So kann abschließend festgehalten werden, dass die OLFA trotz möglicher Unzulänglichkeiten ein gewinnbringendes Testverfahren darstellt, da sie beispielsweise im Gegensatz zu der *Hamburger Schreibprobe*, die die Fehler rein quantitativ erfasst und damit eine individuelle Förderableitung erschwert, eine qualitative Fehleranalyse zum Ziel hat und somit individuelle Förderableitungen ermöglicht.

9 Literaturverzeichnis

Primärliteratur

Alexy, Nina etal. (2020). Zebra 4. Arbeitsheft Sprache. Stuttgart, Leipzig: Ernst Klett.

Woltz, Anna (2019). *Gips oder Wie ich an einem einzigen Tag die Welt reparierte.* Hamburg: Carlsen.

Sekundärliteratur

Bredel, Ursula (2009). Orthographie als System-Orthographieerwerb als Systemerwerb. In: Zeitschrift für Literaturwissenschaft und Linguistik. Heft 153, 134-154.

Bredel, Ursula (2010). Die satzinterne Großschreibung. System und Erwerb. In: Ursula **Bredel**, / Gabriele Hinney, / Astrid Müller (Hgg.). Schriftsystem und Schrifterwerb. Linguistisch Didaktisch Empirisch. Berlin: de Gruyter, 217-234.

Bredel, Ursula/Röber, Christa (2011). Zur Gegenwart des Orthographieunterrichtes. In: Ursula Bredel/Thilo Reißig (Hgg.) Weiterführender Orthographieerwerb. Baltmannsweiler: Schneider, 3-9.

Bredel, Ursula/Fuhrhop, Nanna/Noack, Christian (2017). Wie Kinder lesen und schreiben lernen. 2., überarbeitete Auflage. Tübingen: Francke.

Corvacho del Toro, Irene (2016). Zur linguistischen Fundierung der Rechtschreibdidaktik. Ein Beitrag zur Klärung vermutlicher Differenzen. In: Norbert Kruse/Anke Reichardt (Hgg.). Wie viel Rechtschreibung brauchen Kinder? Tübingen: Schmidt, 81-97.

Günther, Hartmut/ Gaebert, Désirée-Kathrin (2011). Das System der Groß-und Kleinschreibung. In: Ursula Bredel/ Tilo Reißig (Hgg.). Weiterführender Orthographieerwerb. In: Ulrich, Winfried (Hrsg.). Deutschunterricht in Theorie und Praxis. Handbuch zur Didaktik der deutschen Sprache und Literatur in elf Bänden. Baltmannsweiler: Schneider, 441-456.

Kirschhock, Eva-Maria (2004). Entwicklung schriftsprachlicher Kompetenzen im Anfangsunterricht. Bad Heilbrunn: Klinkhardt.

Kruse, Norbert/Reichardt, Anke (Hgg.). (2016). Wie viel Rechtschreibung brauchen Grundschulkinder? Positionen und Perspektiven zum Rechtschreibunterricht in der Grundschule. Berlin: Erich Schmidt.

Kunzel-Razum, Kathrin (2009). Peter Eisenberg (Hg.). Der Duden. In zwölf Bänden. Das Standardwerk zur deutschen Sprache. 8., überarbeitete Auflage. Mannheim: Dudenverlag.

Lange, Günter/Weinhold, Swantje (2006). Grundlagen der Deutschdidaktik. Sprachdidaktik -Mediendidaktik-Literaturdidaktik. Hohengehren: Schneider, 21f.

Leßmann, Beate (2016). Rechtschreibung im Haus des Lernens. Welche Rechtschreibung brauchen Grundschüler? In: Norbert Kruse/Anke Reichardt (Hgg.). Wie viel Rechtschreibung brauchen Kinder? Tübingen: Schmidt, 21-30.

Mesch, Birgit (2016). Schrift als System anerkennen-Zur schrifttheoretischen Basis einer didaktisch begründeten Modellierung der Orthografie. In: Norbert Kruse/Anke Reichardt (Hgg.). Wie viel Rechtschreibung brauchen Kinder? Tübingen: Schmidt, 99-110.

Ministerium für Schule und Bildung des Landes Nordrhein-Westfalen (2019). Hinweise und Materialien für einen systematischen Rechtschreibunterricht in der Primarstufe in NRW-Handreichung. 2., überarbeitete Auflage. Wedel: Krögers Buch-und Verlagsdruckerei GmbH.

Müller, Astrid (2017). Rechtschreiben lernen. Die Schriftstruktur entdecken-Grundlagen und Übungsvorschläge. 3., aktualisierte Auflage. Hannover: Friedrich.

Nünke, Ellen/ Wilhelmus, Christiane (2001). Stufenwörter in Treppengedichten. Ein alternativer Ansatz zur Groß-und Kleinschreibung. In: Praxis Deutsch. Zeitschrift für den Deutschunterricht. H. 170, 20-23.

Prosch, Anna (2016). Entwicklung von Rechtschreibkompetenz. Differentielle Analysen mit NEPS-Daten der Haupterhebungen in den Klassenstufen fünf und sieben sowie der Entwicklungsstudien in den Klassenstufen sechs und sieben. Berlin: Logos.

Riegler, Susanne (2016). Schrift gebrauchen, Schrift Verstehen. Orthografieerwerb im Spannungsfeld zwischen sinnhaftem Schreiben und Systematik der Schrift. In: Norbert Kruse/Anke Reichardt (Hgg.). Wie viel Rechtschreibung brauchen Kinder? Tübingen: Schmidt, 55-66.

Röber-Siekmeyer, Christa (1997): Die Schriftsprache entdecken. Rechtschreiben im Offenen Unterricht. 3.Aufl. mit Anmerkungen zur neuen Rechtschreibung. Weinheim, Basel: Beltz praxis.

Röber-Siekmeyer, Christa (1999): Ein anderer Weg zur Groß- und Kleinschreibung. Leipzig: Klett.

Scheerer-Neumann, Gerheid (1998). Stufenmodelle des Schriftspracherwerbs-Wo stehen wir heute? In: Heiko Balhorn et al. (Hgg.). Schatzkiste Sprache 1. Von den Wegen der Kinder in die Schrift. Frankfurt a.M.: Verlag Frankfurt am Main.

Scheerer-Neumann, G./ Schnitzler, C. D./Ritter, C. (2010). ILeA 2. Individuelle Lernstandsanalysen. Rechtschreiben Lehrerheft. 5., Auflage. Ludwigsfelde-Struveshof: Landesinstitut für Schule und Medien.

Schründer-Lenzen, Agi (2004). Schriftspracherwerb und Unterricht. Bausteine professionellen Handlungswissens. 2., Auflage. Opladen: Verlag für Sozialwissenschaften.

Schründer-Lenzen, Agi (2013). Schriftspracherwerb. 4., überarbeitete Auflage. Wiesbaden: Springer.

Siekmann, Katja/Thomé, Günther (2012). Der orthographische Fehler. Grundzüge der orthographischen Fehlerforschung und aktuelle Entwicklungen. Oldenburg: isb-Fachverlag.

Thomé, Günther (2006). Entwicklung der basalen Rechtschreibkenntnisse. In: Ursula Bredel et al. (Hgg.). Didaktik der deutschen Sprache. Band 1. 2., Auflage. Paderborn et al.: Schöningh. S. 369-379.

Thomé, Günther/Thomé, Dorothea (2017). Oldenburger Fehleranalyse für die Klassen 3 – 9. Instrument und Handbuch zur Ermittlung der orthographischen Kompetenz und Leistung aus freien Texten. 5., verbesserte Auflage. Oldenburg: isb-Fachverlag.

Thomé, Günther (2019). Deutsche Orthographie. Historisch Systematisch Didaktisch. 2., verbesserte Auflage. Oldenburg: isb-Fachverlag.

Valtin, Renate (2000). Ein Entwicklungsmodell des Rechtschreiblernens. In: Renate Valtin (Hg.). Rechtschreiben lernen in den Klassen 1-6.: Grundlagen und didaktische Hilfen. Frankfurt a.M.: Grundschulverband.

10 Tabellen-und Abbildungsverzeichnis

Tabellenverzeichnis

Abbildungsverzeichnis

11 Anhang

Schülerin A: Originaltexte

Als ich meine Matarialien am Montag
geholt habe, wahren fast keine Kinder
dah, als ich dan fertlg war, ging
ich nach hause und maehte hausaufgaben,
als ich fertig war, habe ich
Fernseh gekuegt, dan garlo es
amlirod, dan ging ich ins
bet, aber vorher habe ich ein
buch gelesen bis 21:45 Uhr, dann
gink ich ins bet und schlief
um 9:00 Uhr, dann bin ich mit
dem Hund gegangen, der hund
hat richtig gezogen, raben gejagt.
Danach hate ich armschmerzen, danach
gab es Früstük, das war
Decker, danach musste ich
hausaud garben machen, dan konte
ich TV gucken, heute durften wir
ein spaten film kuken.

102 W

Die Koronaferien

Die Koronaferien sind nicht so toll. Ich vermisse
die Schule ich würde gerne wieder in die
Schule gehen. Auch die Lerer felen mir
aber mann kann auch Onlein-Unterricht
machen dann macht mann sowas wie eine
Videokonferenz, aber es gibt ein par kleine
probleme mann kann nicht mit Freunden
oder Freundinnen spielen mann darf nicht
mehr mit zum einkaufen gehen und
mann muss mindestens 1,50m oder 2m
abstand halten, dass isst sehr blöd.
Mann darf nur noch raus, wenn mann
mit den Hund rausgeht und mann
darf auch nicht mehr auf den
Spielplaz. Es ist sehr heiß draußen. Wir
dürfen drozdem raus, aber in
den garten, sonst nirgend wo.
Außer man geht halt mit den
~~Besten~~ Hund raus. Mann soll sozial
Kontakte fermeiden damit nicht noch
Jemand der anderen anstekt
mit korona. Resswegen Wegen einen
Blöden Chinesen. Weil er schlange und
Fledermaus gegessen hat. Dass ist
sehr sehr blöd.

148 W

Ich ging in ein Raum und schloss die Tühr. Es war ser dunkel. Aufeinmal zerbricht ein Glas. Ich mache das Licht an und se ein zerbrochendes Aquarium. Ich fege die Scherben auf und mache den Boden troken. Als ich fertig war, habe ich mich aufs Sofa gesezen und fernse gekugt, aber bevor ich mich entspannen konte, musste ich noch ein neues Aquarium für den fich keufen und es wieder mit Wasser auffülen, als das erledigt war, konnte ich mich entlich entspannen. Auf einmal klopfte es, es war meine Mutter und ich habe ir nicht erzählt, was passiert ist, weil ich angst hatte.

102 W

Schülerin A: OLFA-Liste, Version 2

OLFA 3–9 Version 2 (mit Beispielen)	Gruppe I	Gruppe II	Gruppe III
01 Klein- für Großschreibung davon Abstrakta:	-------	||||| |||	-------
02 Groß- für Kleinschreibung davon Verben:	-------	-------	//
03 Großschreibung im Wort		-------	-------
04 Getrennt- für Zusammenschreibung	-------	/	-------
05 Zusammen- für Getrenntschreibung	-------	-------	
06 Getrenntschreibung von unselbstständigen Teilen			
07 Einfachschreib. für Konsonantenverdoppelung dass dann denn wenn renn- hatte immer	-------	||||| |||	-------
08 Konsonantenverdoppelg. für Einfachschreibung nach Kurzvokal	-------	-------	||||| ||||| |||
09 Einf. Vokalschr. f. markierte Länge und i für ie bei /i:/ ohne -h: einf. i-:	-------	||||| //	-------
10 Markierte Längen- für Einfachschreibung bei Langvokal	-------	-------	
11 Konsverd. nach Langvokal, Konsonant oder am Morphemanfang	|||	-------	-------
12 Markierte Vokallänge bei Kurzvokal, auch ie für kurzes i	||	-------	-------
13 s für ß	-------	\	-------
14 ß für s	-------	-------	/
15 ss für ß	-------	-------	
16 ß für ss	-------	-------	
17 e für ä (nur bei /ε/) und eu für äu	-------		-------
18 ä für e (nur bei /ε/) und äu für eu	-------		-------
19 p t k für b d g im Silbenendrand	-------	||	-------
20 b d g für p t k im Silbenendrand	-------	-------	||
23 f für v	-------	||	-------
24 v für f	-------	-------	
25 w für v bei der Lautung /v/ (meist Fremdwörter und Eigennamen)	-------	-------	
26 v für w	-------	-------	
27 ch für g im Silbenende	-------	-------	
28 g für ch im Silbenende	-------	-------	
29 Konsonantenzeichen fehlt r t l n davon -en:		-------	-------
30 Konsonantenzeichen zugefügt r		-------	-------
31 Vokalzeichen fehlt a e davon -en:		-------	-------
32 Vokalzeichen zugefügt	||	-------	-------
33 Falscher Konsonant n-m m-n s-z z-s n-ng	|||	-------	-------
34 Falscher Vokal		-------	-------
35 Zeichenumstellung	/		
36 Umlautbezeichnung	/	-------	
37 Sonstige Fehler (auch Fremdwortfehler)	||||	-------	
Fehlersummen (Nrn. 1–35): →	15	30	18
Gesamtfehler (Nrn. 1–37): 66 **Fehler in %:** →	21%	50%	30%
Anzahl der Wörter: 352 **Fehler auf 100 Wörter:**	20	KW: 60	LW: 48

In graue Felder bitte nichts eintragen (Grafik M. Schnars), Konsverd.= Konsonantenverdoppelung, Einfachschreib. = Einfachfachschreibung ⟨...⟩
Vokalschr. = einfache Vokalschreibung, f. = für, b. = bei, KW = Kompetenzwert, LW = Leistungswert

Bemerkungen: _____

48

Schülerin A: Tabellarische Auflistung der Fehlerschreibung

Schülerschreibung	Korrekte Schreibung	Fehlerbeschreibung	Fehler-kate-gorie	Sonstiges
T–ü–r	T–ü–r	Markierte Vokallänge bei Kurzvokal, auch ie für kurzes i	12	
s–e–r	s–eh–r	Einfache Vokalschrei-bung für markierte Län-gen und i für ie bei lan-gem /i:/	09	
G–l–a–ß	G–l–a–s	ß für s	14	
z–e–r–b–o–ch–e–n–d–e–s	z–e–r–b–r–o–ch--e– n–e–s	Konsonantenzeichen zu-gefügt	30	
s–e	s–eh–e	Einfache Vokalschrei-bung für markierte Län-gen und i für ie bei lan-gem /i:/	09	
t–r–o–k–e–n	t–r–o–ck-e–n	Einfachschreibung für Konsonantenverdopp-lung	07	
s–o–f–a	S–o–f–a	Klein- für Großschrei-bung	01	
g–e–s–e–s–e–n	g–e–s–e–ss–e–n	Einfachschreibung für Konsonantenverdopp-lung	07	
f¹–e–r–n–s–e²	F–e– r–n– s–eh	(1) Klein- für Großschrei-bung (2) Einfache Vokalschrei-bung für markierte Län-gen und i für ie bei lan-gem /i:/	01 09	
g–e –k¹–u–g²–t	g– e–g–u–ck–	(1) Sonstige Fehler (2) Einfachschreibung für Konsonantenverdopp-lung	07	(1)Phonemori-entierte Schrei-bung
b–e–f–o–r	b–e–v–o–r	f für v	23	
k–o–n–t–e	k–o–nn–t–e	Einfachschreibung für Konsonantenverdopp-lung	07	
f¹–i–ch²	F–i–sch	(1) Klein- für Großschrei-bung (2) Konsonantenzeichen fehlt	01 29	

49

au–f–f–ü–l–e–n	au–f–f–ü–ll–e–n	Einfachschreibung für Konsonantenverdopplung	07	
e–n–t–l–i–ch	e–n–d–l–i–ch	p t k für b d g im Silbenendrand	19	
i–r	ih–r	Einfache Vokalschreibung für markierte Längen und i für ie bei langem /i:/	09	
p–a–ss–i[1]–r–d[2]	p–a–ss–ie–r–t	(1) Einfache Vokalschreibung für markierte Längen und i für ie bei langem /i:/ (2) b d g für p t k im Silbenrand	09 20	
a–ng–s–t	A–ng–s–t	Klein für Großschreibung	01	
K–o–r–o–n–a	C–o–r–o–n–a	Sonstige Fehler (auch Fremdwortfehler)	37	
(…)–f–e–r–i–e–e–n	(…)–f–e–r–ie–n	Vokalzeichen hinzugefügt	32	
w–u–r–d–e	w–ü–r–d–e	Umlautbezeichnung	36	
f–e–l–e–n	f–eh–l–e–n	Einfache Vokalschreibung für markierte Längen und i für ie bei langem /i:/	09	
m–a–nn	m–a–n	Konsonantenverdopplung für Einfachschreibung	08	
O–n–l–ei–n	O–n– l–i–n–e	Sonstige Fehler (auch Fremdwortfehler)	37	
m–a–nn	m–a–n	Konsonantenverdopplung für Einfachschreibung	08	Wiederholungsfehler
V–ie[1]–d–i[2]–o–k–o–n–f–e–r–e–nn[3]–z	V–i–d–e–o–k–o–n–f–e–r–e–n–z	(1) Markierte Vokallänge bei Kurzvokal, auch ie für kurzes i (2) Sonstige Fehler (auch Fremdwortfehler) (3) Konsonantenverdopplung nach Langvokal, Konsonant oder am Morphemanfang	12 37 11	

p–a¹–rr²	p–aa–r	(1) Einfache Vokalschreibung für markierte Länge und i für ie bei /i:/ (2) Konsonantenverdopplung nach Langvokal, Konsonant oder am Morphemanfang	09 11	
p–r–o–b–l–e–m–e	P–r–o–b–l–e–m–e	Klein- für Großschreibung	01	
m–a–nn	m–a–n	Konsonantenverdopplung für Einfachschreibung	08	Wiederholungsfehler
F–r–eu–n–d–i–n¹–i²–n–e–n	F–r–eu–n–d–i–nn– e–n	(1) Einfachschreibung für Konsonantenverdopplung (2) Vokalzeichen zugefügt	07 32	
m–a–nn	m–a–n	Konsonantenverdopplung für Einfachschreibung	08	Wiederholungsfehler
ei–n–k–au–f–e–n	Ei–n–k–au–f–e–n	Klein- für Großschreibung	01	
m–a–nn	m–a–n	Konsonantenverdopplung für Einfachschreibung	08	Wiederholungsfehler
a–b–st–a–n–d	A–b–st–a–n–d	Klein- für Großschreibung	01	
d–a–ss	d–a–s	Konsonantenverdopplung für Einfachschreibung nach Kurzvokal	08	Grammatikfehler
i–ss–t	i–s–t	Konsonantenverdopplung für Einfachschreibung nach Kurzvokal	08	
M–a–nn	M–a–n	Konsonantenverdopplung für Einfachschreibung	08	Wiederholungsfehler
m–a–nn	m–a–n	Konsonantenverdopplung für Einfachschreibung	08	Wiederholungsfehler
d–e–n	d–e–m	Falscher Konsonant	33	Grammatikfehler
m–a–nn	m–a–n	Konsonantenverdopplung für Einfachschreibung	08	Wiederholungsfehler

51

Sp– ie–l–p– l–a–z	Sp–ie– l–p–l –a –tz	Einfachschreibung für Konsonantenverdopplung	07	
d¹–r–o– z²–d–e –m	t–r–o–tz–d–e–m	(1) b d g für p k t am Silbenrand (2) Einfachschreibung für Konsonantenverdopplung	20 07	
g–a–r–t–e–n	G–a–r–t–e–n	Klein- für Großschreibung	01	
n–i–r–g–e–n–d- w–o	n– i–r–g–e–n–d- w –o	Getrennt für Zusammenschreibung	04	
Au–s–e–r	Au–ß–e–r	S für ß	13	
d–e–n	d–e–m	Falscher Konsonant	33	Grammatikfehler / Wiederholungsfehler
M–a–nn	m–a–n	Konsonantenverdopplung für Einfachschreibung	08	Wiederholungsfehler
s–o tz–i–a–l	s–o–z–i–a–l	Konsonantenverdopplung nach Langvokal, Konsonant oder am Morphemanfang	11	
f–e–r–m–ei–d–e–n	v–e–r–m–ei–d–e–n	F für v	23	
J–e–m–a–n–d	j–e–m–a–n–d	Groß- für Kleinschreibung	02	
a–n–st–e–k–t	a–n–st–e–ck–t	Einfachschreibung für Konsonantenverdopplung	07	
K–o–r–o–n–a	C–o–r–o–n–a	Sonstige Fehler (auch Fremdwortfehler)	37	Wiederholungsfehler
D–e–ss–w–e–g–e–n	D–e–s–w– e–g–e–n	Konsonantenverdopplung für Einfachschreibung nach Kurzvokal	08	
ei–n–e–n	ei–n–e–m	Falscher Konsonant	33	Grammatikfehler
B–l–ö–d–e -n	b–l–ö–d–e–n	Groß- für Kleinschreibung	02	
Ch–e–n–e–s–e–n	Ch–i–n–e–s–e–n	Falscher Vokal	34	
D–a–ss	D–a–s	Konsonantenverdopplung für Einfachschreibung nach Kurzvokal	08	Grammatikfehler
b–l–ö–t	b–l–ö–d	P t k für b g d im Silbenendrand	19	

Schüler B: Originaltexte

Es war heute sehr schön. Wir waren
in garten und haben gegrillt mit
der familly. ich habe heute weiter
das Buch gelesen. ich bin heute
mit denn Fahrad gefahren. später
Wenn ich erwachsen bin, will ich ein
Unternehmen gründen. ich will meine
eigende marke machen oder agenten
manetchmend. meine Lieblings-
Autos sind royis=royis oder
mercedes. ich habe heute auch
mit telefonint und gespielt.
ich vermisse es raus zur gehen
sich mit Freunden treffen usw.
Komm wir noch mal zur dem
unternehmen nüber. ich würde
Basketballer mit viel potenzial
usw. einegenten anbieten.

96

Hallo ich bin ███ und bin ██ Jahre Alt.
Meine hobbys sind Fußball Basketball und
boxen. ich habe blaue augen und B-
londe harre. Mein Lieblings essen
ist pizza und sonst ich spiel zur
zeit spiele wie fifa lese Bucher
usw Mein Lieblingsfach ist sport.
ich trinke viel wasser mag sehr gerne
denn sommer es ist einfach schön
Wenn wir sommer haben grillen
mit freunden raus gehen in
den urlaub fahren in denn
pool gehen und so. Mein
Lieblings farbe ist blau
ich war ein sehr ████ von Kobby
er war ein sehr guten Baskball
spielen oder der beste ich
vermisse ihn schon ich hab
ein klein Bruder und eine
kleine schwester Luan un
Matiltah. ich Mag mag sehr
gerne Meine Lieblingsfilm ist
Honig im kopf Mein Mama ist
30 Jahre alt und kummert sich
Zeit viel um menn Bruder
Mein Cousin ist 14 Jahre alt
und spielt gerne Fußball er
ist für mich wie ein Bruder.

Ostern war dieses Jahr nicht
das schönste wegen corona
aber irgendwie will ich wieder
in die schule. Wir haben 1
donastag gegrillt ich finde
Blöd dass wir nicht in denn
fahren. Letzte Jahr sind wir
auch in den urlaub gefahren
war richtig cool wir sind
wasserpark gefahren ich habe n
gekauft ich habe mich neue
gefund wir haben viele spiel
Es ist Blöd dass wir jetzt lang
frei haben.

Schüler B: OLFA-Liste, Version 2

Oldenburger Fehleranalyse 3–9 ~~~~ ~~~~~ **Kopiervorlage** ~~~ *Hör 2020*

Schüler/in: *Schüler B*   Klasse *4*   Text(e) *2*   durchgeführt von *Frau Jure*

OLFA 3–9 Version 2 (mit Beispielen)	Gruppe I	Gruppe II	Gruppe III
01 Klein- für Großschreibung davon Abstrakta:	-----		
02 Groß- für Kleinschreibung davon Verben:	-----	ЖШ ЖШ	Ж
03 Großschreibung im Wort	|||	-----	
04 Getrennt- für Zusammenschreibung		|||	-----
05 Zusammen- für Getrenntschreibung			-----
06 Getrenntschreibung von unselbstständigen Teilen			-----
07 Einfachschreib. für Konsonantenverdopplung dass dann denn wenn renn- hatte immer			-----
08 Konsonantenverdoppelg. für Einfachschreibung nach Kurzvokal			-----
09 Einf. Vokalschr. f. markierte Länge und i für ie bei /iː/ ohne -h: einf. i-:		|||	-----
10 Markierte Längen- für Einfachschreibung bei Langvokal			
11 Konsverd nach Langvokal, Konsonant oder am Morphemanfang ЖШ			-----
12 Markierte Vokallänge bei Kurzvokal, auch ie für kurzes i			-----
13 s für ß	-----		
14 ß für s	-----		
15 ss für ß	-----		
16 ß für ss	-----		
17 e für ä (nur bei /ɛ/) und eu für äu	-----		
18 ä für e (nur bei /ɛ/) und äu für eu	-----		
19 p t k für b d g im Silbenendrand	-----		
20 b d g für p t k im Silbenendrand	-----		
23 f für v	-----		
24 v für f	-----	-----	
25 w für v bei der Lautung /v/ (meist Fremdwörter und Eigennamen)	-----		
26 v für w	-----		
27 ch für g im Silbenende	-----		
28 g für ch im Silbenende	-----		
29 Konsonantenzeichen fehlt r t l n davon -en:	ЖШ ЖШ ||	-----	
30 Konsonantenzeichen zugefügt r	|||		
31 Vokalzeichen fehlt a e davon -en:	ЖШ ЖШ |||		
32 Vokalzeichen zugefügt			
33 Falscher Konsonant n-m m-n s-z z-s n-ng	|||		-----
34 Falscher Vokal	||	-----	-----
35 Zeichenumstellung	ЖШ		
36 Umlautbezeichnung			
37 Sonstige Fehler (auch Fremdwortfehler)	||		

	Gruppe I	Gruppe II	Gruppe III
Fehlersummen (Nrn. 1–35): →	45	40	16
Gesamtfehler (Nrn. 1–37): 109 Fehler in %: →	44%	37%	15%
Anzahl der Wörter: 329 Fehler auf 100 Wörter: 33		KW: 12	LW: -47

In graue Felder bitte nichts eintragen (Grafik M. Schnars), Konsverd.= Konsonantenverdoppelung, Einfachschreib. = Einfachfachschreibung, = ~~
Vokalschr. = einfache Vokalschreibung, f. = für, b. = bei, KW = Kompetenzwert, LW = Leistungswert

Bemerkungen: _____

55

Schüler B: Tabellarische Auflistung der Fehlerschreibung

Schülerschreibung	Korrekte Schreibung	Fehlerbeschreibung	Fehler-kate-gorie	Sonstiges
A-l-t	a-l-t	Groß-für Kleinschreibung	02	
h-o-bb-y-s	H-o-bb-y-s	Klein-für Großschreibung	01	
F-u-ß-B-a-ll	F-u-ß-b-a-ll	Großschreibung im Wort	03	Wiederholungsfehler
B-a-s-k-e-b-a-ll	B-a-s-k-e-t-b-a-ll	Konsonantenzeichen fehlt	29	
b-o-x-e-n	B-o-x-e-n	Klein-für Großschreibung	01	
au-g-e-n	Au-g-e-n	Klein-für Großschreibung	01	
B^{1+2}-l-o-n-d-e	b-l-o-n-d-e	(1) Groß-für Kleinschreibung (2) Getrenntschreibung von unselbstständigen Teilen	02 06	
h^1-a^2-rr^3-e	H-aa-r-e	(1) Klein-für Großschreibung Einf.Vokalschr.f.markierte Länge (3) Konsverd.nach Langvokal	01 09 11	
p-i-zz-a	P-i-zz-a	Klein-für Großschreibung	01	
s-a-l-a-t	S-a-l-a-t	Klein-für Großschreibung	01	
sp-ie-l	sp-ie-l-e	Vokalzeichen fehlt	31	
sp-ie-l-e	Sp-ie-l-e	Klein-für Großschreibung	01	
f-i-f-a	F-i-f-a	Klein-für Großschreibung	01	
B-u-ch-e-r	B-ü-ch-e-r	Umlautbezeichnung	36	
sp-o-r-t	Sp-o-r-t	Klein-für Großschreibung	01	
i-ch	I-ch	Klein-für Großschreibung	01	Hier am markierten Satzanfang
w-a-ss-e-r	W-a-ss-e-r	Klein-für Großschreibung	01	

d-e-nn	d-e-n	Konsverd. nach Langvokal	11	Wiederholungsfehler
W-e-nn	w-e-nn	Groß-für Kleinschreibung	02	
W-i-r	w-i-r	Groß-für Kleinschreibung	02	
f-r-eu-n-d-e-n	F-r-eu-n-d-e-n	Klein-für Großschreibung	01	
d-e-nn	d-e-n	Konsverd. nach Langvokal	11	Wiederholungsfehler
p-oo-l	P-oo-l	Klein-für Großschreibung	01	
M-ei-n	M-ei-n-e	Vokalzeichen fehlt	31	
L-ie-b-l-i-n-g-s f-a-r-b-e	L-ie-b-l-i-n-g-s-f-a-r-b-e	Getrennt-für Zusammenschreibung	04	
f-a-n	F-a-n	Klein-für Großschreibung	01	
B-a-s-k^{1+2}-B^3-a-ll ^{4}sp-ie-l-e-r	B-a-s-k-e-t-b-a-ll-sp-ie-l-e-r	(1) Vokalzeichen fehlt (2) Konsonantenzeichen fehlt (3) Großschreibung im Wort Getrennt-für Zusammenschreibung	31 29 03 04	
b-e-s-t-e	B-e-s-t-e	Klein-für Großschreibung	01	
h-a-b	h-a-b-e	Vokalzeichen fehlt	31	
ei-n^{1+2}	ei-n-e-n	(1) Vokalzeichen fehlt (2) Konsonantenzeichen fehlt	31 29	
K^1-l-ei-n^{2+3}	k-l-ei-n-e-n	(1) Groß-für Kleinschreibung (2) Vokalzeichen fehlt (3) Konsonantenzeichen fehlt	02 31 29	
K-l-ei-n-e	k-l-ei-n-e	Groß-für Kleinschreibung	02	
Msamns	???			Nicht zu ermitteln
M-ei-n-e	M-ei-n	Vokalzeichen zugefügt	32	
M-ei-n	M-ei-n-e	Vokalzeichen fehlt	31	
k-u-mm-e-r-t	k-ü-mm-e-r-t	Umlautbezeichnung	36	
V-ie-l	v-ie-l	Groß-für Kleinschreibung	02	

m-e^1-n^2-n	m-ei-n-e-n	(1) Vokalzeichen fehlt (2) Vokalzeichen fehlt	31 31	
f^1-u-ß-B^2-a-ll	F-u-ß-b-a-ll	(1) Klein-für Groß-schreibung (2) Großschreibung im Wort	01 03	Wiederholungsfehler
sch-ö-n-s-t-e	Sch-ö-n-s-t-e	Klein-für Großschreibung	01	
c-o-r-o-n-a	C-o-r-o-n-a	Klein-für Großschreibung	01	
W-ie-d-e-r	w-ie-d-e-r	Groß-für Kleinschreibung	02	
sch-u-l-e	Sch-u-l-e	Klein-für Großschreibung	01	
L^1-e-tz-t^{2+3}	l-e-tz-t-e-n	(1) Groß-für Klein-schreibung (2) Vokalzeichen fehlt (3) Konsonantenzeichen fehlt	02 31 29	
d^1-o-n^2-a^{3+4}-s-t-a-g	D-o-nn-e-r-s-t-a-g	(1) Klein-für Groß-schreibung (2) Einfachschreib. für Konsonantenver-doppelung (3) falscher Vokal (4) Konsonantenzei-chen fehlt	01 07 34 29	
B-l-ö-d	b-l-ö-d	Groß-für Kleinschreibung	02	
d-e-nn	d-e-n	Konsverd.nach Lang-vokal	11	
L-e-tz-t-e	L-e-tz-t-e-s	Konsonantenzeichen fehlt	29	
W-i-r	w-i-r	Groß-für Kleinschreibung	02	
u-r-l-au-b	U-r-l-au-b	Klein-für Großschreibung	01	
W-a-r	w-a-r	Groß-für Kleinschreibung	02	
d-e-nn	d-e-n	Konsverd.nach Lang-vokal	11	
f-r-eu-n-d-e	F-r-eu-n-d-e	Klein-für Großschreibung	01	

g-e-f-u-n-d^{1+2}	g-e-f-u-n-d-e-n	(1) Vokalzeichen fehlt (2) Konsonantenzei-chen fehlt	31 29	
V-ie-l-e	v-ie-l-e	Groß-für Kleinschrei-bung	02	
sp-ie-l-e	Sp-ie-l-e	Klein-für Großschrei-bung	01	
B-l-ö-d	b-l-ö-d	Groß-für Kleinschrei-bung	02	
L^{1}-a^{2}-n-g-e-r	l-ä-n-g-e-r	(1) Groß-für Klein-schreibung (2) Umlautbezeich-nung	02 36	

GIPS oder wie ich in wenigen Tagen die Groß- und Kleinschreibung lernte

Name: _____

1

Liebe Klasse 4b,

wie ihr in dem Titel vielleicht schon gelesen habt, bekommt ihr nun eine kleine Grammatikreihe. Diese Reihe hat jedoch auch etwas mit dem Buch „Gips oder wie ich an einem einzigen Tag die Welt reparierte" zu tun, worüber ihr bereits ein Lesetagebuch geführt habt. Was das angeht, seid ihr also richtige Experten. Dies könnt ihr an einigen Stellen dieser Arbeitsblätter noch einmal unter Beweis stellen...

Neu kennenlernen werdet ihr jedoch Regeln, die euch bei der Entscheidung helfen können, was in einem Satz groß- oder kleingeschrieben wird. Nach diesen Arbeitsblättern werdet ihr auch darin Experten sein...da bin ich ganz sicher. Bei der Bearbeitung dieser Arbeitsblätter solltet ihr so vorgehen:

- ✓ Legt einen neuen **Schnellhefter** an und verwendet das erste Blatt als Deckblatt (die Farbe des Schnellhefters dürft ihr euch aussuchen)
- ✓ Bearbeitet die Übungen in der **richtigen Reihenfolge** (Übung 1, Übung 2, Übung 3, usw.) und lest **immer zuerst** die **Merkkästen**, bevor ihr mit den Übungen beginnt!
- ✓ Die **Übungen** sind **Pflichtaufgaben** und die **Knobelaufgaben** sind **freiwillig**.
- ✓ Schreibt eure Ergebnisse immer auf die angegebenen Linien (ihr braucht keine zusätzlichen Blätter)

Seid gespannt, es wartet eine kleine Überraschung auf euch, wenn ihr die Arbeitsblätter abgegeben habt und ich diese korrigiert habe.

Außerdem gibt es noch eine kleine Besonderheit: Wenn ihr dieses Symbol seht, dann befindet sich ganz in der Nähe ein kleiner Kasten, der euch verrät, welche Seiten aus eurem Deutschbuch euch helfen können, wenn ihr zum Beispiel Begriffe oder Regeln vergessen habt.

Eure ██████

2

Merkkasten 1

> **Was du nicht vergessen darfst: Diese Wortarten helfen dir zu entscheiden, was in einem Satz groß- und kleingeschrieben wird.**
>
> **Adjektive:** Beschreiben **Eigenschaften** (*z.B. lieb, nett, böse, weich, dunkel usw.*), sind die Antwort auf eine **„Wie-Frage"** (*z.B. Wie ist*
> **Nomen:** Können durch einen Artikel begleitet werden (*z.B. ein Schneeball, der Schneeball*) und können durch Adjektive genauer beschrieben werden (*z.B. der große Schneeball*).
>
> **Verben:** Beschreiben Tätigkeiten (*z.B. laufen, reden, lachen*) oder Geschehen (*z.B. regnen, schneien, brennen*), können konjugiert werden (*z.B. ich laufe, du läufst*) und in verschiedenen Zeitformen stehen (*z.B. ich lief*).

> **Und jetzt du! - Übung 1**
>
> a) Unterstreiche bei den Sätzen in der Tabelle die Wortarten mit unterschiedlichen Farben (Adjektive = rot, Nomen = blau, Verben = grün, Artikel = gelb)!
>
> b) Sind die Aussagen überhaupt richtig? Du als „Gips-Experte" kannst da bestimmt weiterhelfen, kreuze an!

a), b)

Satz	richtig	falsch
Fitz bekommt einen blauen Gips.		
Die Eheringe sind in dem festen Gips.		
Die Geschwister machten sich wahnsinnige Sorgen um ihren Vater.		

3

Der Vater überlebt die gefährliche OP.		
Fitz ist überglücklich, ihre Eltern sind wieder ein Paar.		

Knobelaufgabe 1:

Unterstreiche die Wortarten mit unterschiedlichen Farben (Adjektive = rot, Nomen = blau, Verben = grün, Artikel = gelb)!

Das Anlegen des Gipses war überflüssig.

Das Weiß des Schnees blendete in den Augen.

Was fällt dir auf?

4

Merkkasten 2

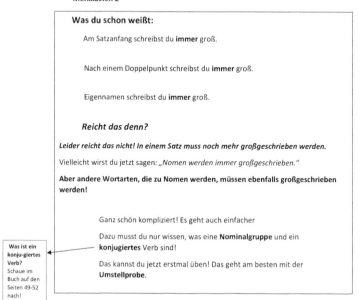

Was du schon weißt:

Am Satzanfang schreibst du **immer** groß.

Nach einem Doppelpunkt schreibst du **immer** groß.

Eigennamen schreibst du **immer** groß.

Reicht das denn?

Leider reicht das nicht! In einem Satz muss noch mehr großgeschrieben werden.

Vielleicht wirst du jetzt sagen: *„Nomen werden immer großgeschrieben."*

Aber andere Wortarten, die zu Nomen werden, müssen ebenfalls großgeschrieben werden!

Ganz schön kompliziert! Es geht auch einfacher

Dazu musst du nur wissen, was eine **Nominalgruppe** und ein **konjugiertes** Verb sind!

Das kannst du jetzt erstmal üben! Das geht am besten mit der **Umstellprobe**.

Was ist ein konju-giertes Verb? Schaue im Buch auf den Seiten 49-52 nach!

Bsp. 1: Fitz bemalt ihr Gesicht mit einem Edding.

Mit einem Edding bemalt Fitz ihr Gesicht.

Ihr Gesicht bemalt Fitz mit einem Edding.

Was fällt dir auf? Richtig! Durch die Umstellprobe kannst du auch

Was sind noch einmal Satzglieder? Schaue im Buch auf der Seite 23 nach!

Bsp. 2: Fitz/ bemalt/ ihr Gesicht/ mit einem Edding.

Mit einem Edding/ bemalt/ Fitz/ ihr Gesicht.

Ihr Gesicht/ bemalt/ Fitz/ mit einem Edding.

...und das **konjugierte Verb** steht immer allein!

5

Und jetzt du! - Übung 2:

a) Führe die Umstellprobe bei den folgenden Sätzen durch, indem du diese wie in **Beispiel 1** mindestens zweimal umstellst!

b) Markiere wie in **Beispiel 2** die Satzglieder durch einen roten Strich!

c) **UPS!** Ist das, was in den Sätzen steht wirklich so passiert? Finde die drei Fehler und schreibe auf wie es wirklich war!

---

a) und b)

Satz 1: Fitz hat im Krankenhaus zwei Freunde gefunden.

Satz 2: Bente bekam die Tigermaske als Geschenk.

Satz 3: Adam hat einen Bruder im Krankenhaus.

6

Satz 4: Fitz entfernt alleine die Schrift aus ihrem Gesicht.

Satz 5: Ein Arzt hat sich heimlich in die Krankenschwester verliebt.

Satz 6: Primula ist wegen einer Herz-OP im Krankenhaus.

Satz 7: Fitz erzählt ihren Eltern am Telefon von ihrem gebrochenen Arm.

Satz 8: Bente hat ihre Fingerkuppe bei dem Unfall verloren.

7

c)

1. Fehler – Wie war es wirklich?

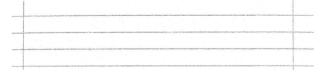

2. Fehler – Wie war es wirklich?

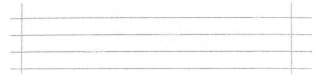

3. Fehler – Wie war es wirklich?

Knobelaufgabe 2:

Lies deine Ergebnisse aus **Satz 5** laut vor! Was fällt dir auf?

8

67

Übersichtlicher wird es, wenn du es als **Treppentext** schreibst. Das sieht dann so aus:

Merkkasten 3

Nicht vergessen: Das konjugierte Verb steht immer allein!

Bsp.: <u>Die Kröte</u>
→ spielt
<u>ein Lied</u>
<u>auf der Flöte.</u>

Das sind die **Nominalgruppen** des Satzes.

Eine **Nominalgruppe** ist eine Folge aus mehreren Wörtern, die im Satz zusammenbleibt und ein eigenes Satzglied bildet.

Was fällt dir auf? Richtig! Das letzte Wort einer Nominalgruppe wird immer großgeschrieben!

Und jetzt du! - Übung 3:

a) Schreibe die Sätze aus Übung 2 als Treppentexte!

b) Unterstreiche die **Nominalgruppe** rot!

Was fällt dir auf? Richtig! Das Wort am Ende einer Nominalgruppe schreibt man immer groß!

c) Umkreise die großgeschriebenen Wörter am Ende der Nominalgruppe blau!

a), b), c):

Satz 1: Fitz hat im Krankenhaus zwei Freunde gefunden.

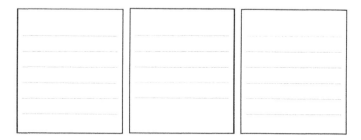

9

68

Satz 2: Bente bekam die Tigermaske als Geschenk.

Satz 3: Adam hat einen Bruder im Krankenhaus.

Satz 4: Fitz entfernt alleine die Schrift aus ihrem Gesicht.

10

69

Satz 5: Ein Arzt hat sich heimlich in die Krankenschwester verliebt.

Satz 6: Primula ist wegen einer Herz-OP im Krankenhaus.

Satz 7: Fitz erzählt ihren Eltern am Telefon von ihrem gebrochenen Arm.

11

Satz 8: Bente hat ihre Fingerkuppe bei dem Unfall verloren.

Knobelaufgabe 3:

Neben den Nominalgruppen findet man in den Sätzen auch
Präpositionalgruppen. Diese beginnen immer mit einer Präposition (z.B.
auf, unter, in...).

Unterstreiche in den Treppentexten die Präpositionalgruppen zusätzlich in grün!

Jetzt bist du ein Experte für die Unterscheidung zwischen einer **Nominal-** und
einer **Präpositionalgruppe**.

Merkkasten 4

Erweiterung der Nominalgruppe

Jede Nominalgruppe lässt sich durch **Adjektivattribute** erweitern.

z.B. **Satz 1:** Fitz hat im Krankenhaus **zwei Freunde** gefunden.

Zwei <u>neue</u> Freunde

Zwei <u>neue, liebe</u> Freunde.

Zwei <u>neue, liebe, treue</u> Freunde.

Das sind die
Adjektivattribute!

Und jetzt du! Übung 4:

a) Wähle jeweils fünf Nominalgruppen aus den Sätzen von **Übung 2** aus und erweitere diese schrittweise mit **drei** <u>passenden</u> Adjektivattributen (s. Merkkasten 4)!

Was fällt dir auf? Richtig! Nominalgruppen lassen sich durch Adjektivattribute erweitern!

---

a)

Wichtig ist, dass du die **gesamte Nominalgruppe** übernimmst

z.B. Satz: _1_

Satz:___

<u>im</u> großen <u>Krankenhaus</u>

im großen alten Krankenhaus

im großen alten dreckigen Krankenhaus

Satz:___

Satz:___

Satz:___

13

72

Knobelaufgabe 4:

Schaue dir die Endungen der Adjektive genau an? Was fällt dir auf?

Weiter so! Du hast es fast geschafft.

Merkkasten 5

> Es gibt noch etwas, das du wissen solltest! Nicht jede Nominalgruppe enthält ein Nomen.
>
> Auch **Adjektive** und **Verben** können das **Ende einer Nominalgruppe** bilden und müssen somit **großgeschrieben** werden!
>
> z.B.: Fitz
> hörte
> **das Weinen.**
>
> Sie
> fühlte
> **die Kälte.**

14

73

Und jetzt du! - Übung 5

Satz 1: Fitz geht zum Essen in die Cafeteria.

Satz 2: Das Blau der Wände findet sie schön.

a) Schreibe die beiden Sätze als Treppentext!

b) Unterstreiche die Nominalgruppen rot. Umkreise die großgeschriebenen Adjektive und Verben blau!

c) Erweitere die Nominalgruppen mit mindestens drei passenden Adjektivattributen!

a), b):

Satz 1: Fitz geht zum Essen in die Cafeteria

Satz 2: Das Blau der Wände findet sie schön.

c):

Satz 1:

15

Satz 2:

Knobelaufgabe 5:

Formuliere zwei Sätze, die zu der Geschichte „GIPS oder wie ich an einem einzigen Tag die Welt reparierte" passen. Führe nun die Aufgaben a), b), c) von der **Übung 5** noch einmal durch!

Satz 1:

Als Treppentext:

Erweiterung der Nominalgruppen:

16

75

Satz 2:

Als Treppentext:

Erweiterung der Nominalgruppen:

17

Hast du alles verstanden? Teste dich selbst!

UPS!...Da haben sich wieder Fehler eingeschlichen. Was wird denn nun groß- oder kleingeschrieben? Schreibe die Sätze richtig auf!

Lasse die zweite Reihe bitte erst einmal frei. Du wirst später verstehen warum!

Knobelaufgabe:

Eine Freundin/ ein Freund aus der Parallelklasse hat ein riesiges Problem mit der Groß- und Kleinschreibung. Du willst ihr/ihm helfen, darfst ihn aber momentan nicht treffen. Erkläre in einem Brief, wie man am besten erkennen kann, was in einem Satz klein- oder großgeschrieben werden muss. Vielleicht hast du auch Beispiele, die du nennen kannst.

---

fitz beobachtete die personen auf dem fahrrad: ihren vater und ihre schwester.

_____

_____

_____

_____

das hinfallen geschah blitzschnell.

_____

_____

das versorgen der wunde geschah im krankenhaus.

_____

_____

dort dauerte alles sehr lange.

_____

_____

das gelb der tigermaske fiel jedem direkt ins auge.

_____

_____

Öffne nun den Geheimumschlag und überprüfe deine Ergebnisse!

18

Knobelaufgabe:

19

78

Ich habe verstanden...			
was Adjektive, Nomen, Verben und Artikel sind und wie ich diese in einem Satz erkennen kann (Merkkasten 1, Übung 1).			
dass ich am Satzanfang und nach einem Doppelpunkt immer großschreiben muss und dass Eigennamen großgeschrieben werden (Merkkasten 2).			
was ein konjugiertes Verb ist (Deutschbuch S. 237-238).			
was Satzglieder sind (Deutschbuch S. 239-240).			
wie die Umstellprobe funktioniert und wie ich diese anwenden kann (Merkkasten 2, Übung 2).			
wie ich Nominalgruppen mithilfe der Umstellprobe erkennen kann (Übung 2).			
wie ich einen Treppentext erstellen kann (Merkkasten 3, Übung 3).			
was eine Nominalgruppe ist (Merkkasten 3).			
dass das Wort am Ende einer Nominalgruppe immer großgeschrieben wird (Merkkasten 3).			
was eine Präpositionalgruppe ist und wie man diese erkennt (Knobelaufgabe 3).			
was Adjektivattribute sind (Merkkasten 4).			
wie ich eine Nominalgruppe durch Adjektivattribute erweitern kann (Merkkasten 4, Übung 4).			
dass eine Nominalgruppe nicht unbedingt ein Nomen enthalten muss (Merkkasten 5, Übung 5).			
welche Wörter in einem Satz groß- und welche Wörter kleingeschrieben werden müssen (Test).			

20

Hast du wirklich alles richtig gemacht? Schaue noch einmal genau hin und vergleiche deine Sätze mit der Lösung.

Markiere deine Fehler in einer anderen Farbe und schreibe die Sätze in den frei gelassenen Zeilen noch einmal richtig auf.

P.S.: Hier ist es wichtig, dass du ehrlich zu dir selbst bist. Es ist nicht schlimm, wenn sich ein paar Fehler eingeschlichen haben. Viel wichtiger ist es, dass du diese erkennst und verbessern kannst. Nur so kann ich sehen, woran wir gemeinsam noch arbeiten müssen!

Fitz beobachtete die Personen auf dem Fahrrad: Ihren Vater und ihre Schwester.

Das Hinfallen geschah blitzschnell.

Das Versorgen der Wunde geschah im Krankenhaus.

Dort dauerte alles sehr lange.

Das Gelb der Tigermaske fiel jedem direkt ins Auge.

21